汉语国际教育与中外文化交流研究

张祥丽 ◎ 著

吉林出版集团股份有限公司

图书在版编目（CIP）数据

汉语国际教育与中外文化交流研究 / 张祥丽著 . —

长春：吉林出版集团股份有限公司，2021.9

ISBN 978-7-5731-0448-9

Ⅰ . ①汉… Ⅱ . ①张… Ⅲ . ①汉语－对外汉语教学－

教学研究②中外关系－文化交流－研究 Ⅳ .

① H195.3-53 ② G125-53

中国版本图书馆 CIP 数据核字（2021）第 192279 号

汉语国际教育与中外文化交流研究

著　　者	张祥丽	
责任编辑	滕　林	
封面设计	林　吉	
开　　本	787mm×1092mm	1/16
字　　数	190 千	
印　　张	8.75	
版　　次	2021 年 11 月第 1 版	
印　　次	2021 年 11 月第 1 次印刷	
出版发行	吉林出版集团股份有限公司	
电　　话	总编办：010-63109269	
	发行部：010-63109269	
印　　刷	北京宝莲鸿图科技有限公司	

ISBN 978-7-5731-0448-9　　　　　　　　　定价：98.00 元

前　言

　　很多院校引进有着丰富海外汉语教学经验的对外汉语教师，这类老师懂得在课堂中教授的汉语和文化知识如何让学生有效吸收。同时，他们也会将跨文化交际中的问题和经验告诉学生，避免因文化背景而产生文化冲突等问题。与此同时，很多院校置办许多图书资料，如《中国语言文学》《西方文化与礼仪》等书籍，为学生获得扎实理论知识打下坚实的基础。此外，很多院校与国外中小学合作建立孔子学院和孔子课堂，同时也和国内各大高校、国际学校等合作，成立实习基地，这些方式丰富了学生实践平台。

　　语言教学与文化传播相辅相成。因此，汉语教学让世界了解中国意义的重大。推广并提升汉语教学是中国文化走向世界的必经之路。离开了汉语，中华文化的博大精深很难通过直接翻译传播出去。每一种语言都根植于其文化背景之中，比如，汉语委婉语蕴含的中华民族性和思想文化等，都需要文化背景作为理解其中的指代含义的基础。语言的传播实质上是文化的传播。在外国人学习中文的同时，他们便更了解了中国人的思维方式和价值观念等内容。

　　因此，提升汉语教学水平，首先对中华传统文化要取其精华、去其糟粕，同时要更注重传统文化现代化的进程中对传统文化做重新解读，以现代的话语体系和方式来表述。与此同时，还要继续对西方文化及文化背景进行研究，在跨文化交际中，让汉语教学教育走得更远更好。

　　进入21世纪，面对世界全球化和多元化的发展时代背景，在我国综合国力和国际竞争力逐渐增强的条件下，汉语以及中国传统文化逐渐受到越来越多的外国人的喜爱。我们应该深入挖掘传统文化精髓，主动将自己的语言和文化推介给全世界，同时延续着自己热爱和平的历史传统，同时不断地向世界传输着中国传统文化中的正能量，在世界舞台中展示中国的好形象。

作　者

2021 年 3 月

目　录

第一章　汉语国际教育的理论研究

第一节　汉语国际教育的几个焦点问题

当前，汉语国际教育事业日新月异，如何处理好汉语国际教育与文化传播、语言要素教学、学科建设和国家语言政策的关系，成为摆在汉语研究者面前刻不容缓的议题。本节针对以上问题，提出了一些初步的解决建议，以期能为相关研究和教学实践提供参考。

随着世界经济全球化的不断发展，语言作为交际工具的重要性越加凸显。世界上很多国家都把语言推广作为提高国家"软实力"的重要举措，并将其纳入国家战略当中，如英国文化委员会、德国歌德学院、法国法语联盟、西班牙塞万提斯学院、日本国际交流基金会等。中国在加入 WTO 后，也采取了一系列的政策加快汉语的国际推广步伐，如"汉语桥工程"、孔子学院的创办，特别是 2005 年 7 月首届世界汉语大会的召开，汉语国际推广被正式确认并开始全面实施。近年来，国外学习汉语的热情空前高涨，出现了前所未有的新局面。"汉语热"的出现，既为我们融入世界创造了难得的机遇，同时也给我们带来诸多挑战。

在世界多极化趋势日益明显的今天，如何通过汉语这一工具将我们悠久灿烂的东方文化传播到世界各地，成为摆在我们面前的重要议题。

一、汉语国际教育与文化传播

自改革开放，特别是进入 21 世纪以来，在中国政府"和平发展"的重大战略思想的主导下，中国与世界的关系发生了重大转变。如今，中国不仅在经济上积极参与、在国际事务上主动担当，而且在文化问题上也更加积极与开放。汉语国际教育的重要目标之一，就是将中华优秀的传统文化传播出去，并为中国的"和平崛起"创造有利的国际环境。当然，这种文化传播有可能被误读为"文化侵略"，并很有可能走向问题的反面，最终成为中国"和平崛起"的一种不利因素。因此，我们必须指出，中国文化从来不是一种侵略性的文化，要让世界各国了解中国传统文化"以和为贵"的核心精神，让其他民族接受并认可我们的文化，只有这样中国才能真正融入世界大家庭当中去，中华民族伟大复兴之梦才能得以实现。因此，通过汉语国际教育可以促进世界对中国的了解、打通不同文化之间的隔阂，为中国的"和平崛起"做出应有的贡献。而从"和平崛起"的国家战略高度反观汉语国际教育工作，也会使我们的工作更加理性和科学，这样既能采取恰当的策略和有效的手段实现语言文化传播的潜在价值，又能理直气壮地回应可能的诋毁或者疑虑。现阶段，在汉语国际教育与文化传播的关系问题上，至少应处理好以下几大问题。

第一，"精华"与"糟粕"的问题。中国作为古老的文明古国，其文化博大精深、源远流长。但即使这样的文化，也不是全部是"精华"，其中也掺杂有"糟粕"。因此，在汉语国际教育这项工作中，要将中华文化之中的"精华"尽可能地传播出去，让世界人民都能领略到中华文化的无穷魅力。而对于"糟粕"的部分，我们要自觉地加以批判，在批判的过程中也要学会学习其他民族文化的长处，去弥补我们文化当中的缺陷。第二，"共性"与"个性"的问题。世界各个民族都曾经创造过本民族辉煌的文化，世界各民族的文化之间既有共同之处，也有相异点。在文化的传播过程中，属于共性的文化因素一般容易被接受，而属于个性的文化因素则较难接受。如何处理这一问题？正确的做法是，在介绍文化共性的同时，也要运用合理的方法将我们文化的个性部分介绍出去。需要指出的是，只介绍文化中的共性成分，容易被人解读为缺乏特色，只介绍个性则会被误解为文化怪异，这两种极端的做法都是要杜绝的。第三，"传统"与"现代"的问题。中国古代文化辉煌灿烂，固然应该介绍给世界，而让世界更多地了解当代的中国，在今天具有更大的现实意义。所以，在汉语国际教育工作中，介绍传统文化，应以那些对现实仍有意义或重大影响的观念、习俗等为主，如名胜古迹、礼仪习俗、审美观念、传统节日等。众所周知，介绍传统的目的是为了让现代人更方便、更准确地了解现代、解读现代，这是一个重要的立足点。世界关注中国，希望更多地了解中国，当然有其最现实的考虑。中国的现代社会是什么样，现代的中国人怎么想、怎么看、怎么做，这也许是世界最想知道的，也是我们最需要向世界展示的方面。第四，"局部"与"整体"的问题。中华文化以汉民族文化为主体，同时又包含50多个少数民族的文化。中华文化上下绵延几千年，地跨数千公里，博大精深。因此，在对外文化的传播方面，如何选择最有代表性和适用性的文化点，成为摆在我们面前的一道难题。有很多学者建议，应尽可能多地选择不同时间、不同空间、不同民族之间的多种文化点、文化现象作为介绍对象，处理好局部与整体的辩证关系，也许可以有效避免一些偏颇，从而减少可能出现的对中国文化的误读。第五，"主观"与"客观"的问题。中华文化作为世界文化之重要组成部分，是客观的。但作为个体的我们在看待文化的问题上会多多少少带上自己主观的印记。因此，如何运用正确的眼光去看待中华文化，并能在合理取舍的基础上将中华文化优秀的部分传播到世界各地的确是一个无法回避的议题。换句话说，就是如何运用我们自己的主观认识合理地将客观的中华文化传播出去。第六，"内容"与"手段"的问题。在汉语国际教育工作中，除了选择好文化内容以外，还应该辅以最有效的手段。从各种纸质文本的介绍，到利用多媒体、网络等现代化技术手段的传授。现代科技手段给汉语国际教育提供了更多便利且有效的手段，这必将促进该项事业的大发展。

二、汉语国际教育与语言要素教学

近年来，不少人认同汉语国际教育的核心任务是对外传播中华文化、提升我们的"软实力"。这种意愿与中华民族的伟大复兴之梦是合拍的，但随之而来也会招来很多负面影响，如"文化侵略"等指责。那么，在汉语国际教育这项事业当中，究竟将"文化传播"置于什么样的地位呢？陆俭明明确指出："原先的对外汉语教学也好，现在的汉语国际教育也好，就学科性质说没有本质的区别，都是关涉到汉语言文字学、应用语言学、教育学、心理学、文学以及文化、艺术和其他某些学科的多学科交叉性学科，其核心任务与内容是汉语言文字教学，其出发点和终极目标是让愿意学习汉语的外国学生学习、掌握好汉语汉字，培养他们综合运用汉语的能力。因此，汉语教学总的指导思想应该是'怎么让一个零起点的外国学生在最短的时间内能学好、掌握好汉语汉字'。"我们同意陆先生的观点，同时，我们认为，汉语言文字教学作为汉语国际教育的核心任务，其可细化为汉语语音教学、汉字教学、汉语词汇教学、汉语语法教学等几个语言要素教学。

第一，汉语语音教学。关于汉语语音教学究竟怎么教，这里面有很多学问，需要我们认真去加以研究，但有一点是值得提倡的，那就是必须要结合学生的母语实际、通过对比寻找更加便捷的教学方法。金立鑫对"声调""声韵母"的教学做了详细研究，他指出："在对外汉语教学中，不必将太多的时间花费在所谓的标准音的纠正训练上。各国人说汉语带有各国语音的特点是很自然的现象。犹如各方言区所说的普通话带有各地特点一样。是要全世界少数外国人会说标准汉语呢，还是要全世界多数外国人会说不那么标准的汉语呢？哪一种策略更符合我们推广汉语的宗旨？我们宁愿汉语在全世界有多种方言（如印度英语和美国英语），甚至宁愿有以汉语为主要成分的克里奥尔语，而不愿意大部分人害怕汉语。"金先生的这段话很有指导意义，因此，在对外汉语语音教学中，要因势利导，采用较为实用且灵活的教学策略，摒弃以前的教条做法。第二，汉字教学。汉字教学在对外汉语教学中历来被认为是一大难点。我们不要说外国学生学写汉字难，即便是中国学生，我们花费在汉字书写上的时间也是相当惊人的。这也就是当初为什么有那么多人要倡导"拼音化"的原因。那么，在对外汉字教学中究竟应该怎么做？这里提出一些思路，一是要淡化汉字书写课。因为现代人很多时候用的都是键盘输入，因此，我们也要以"汉字识别""汉字输入"为教学重点，而将"书写课"放在次要位置上。二是要利用汉字的造字特点，举一反三，提高汉字的教学效率。汉字是一种表意文字，其中富含很多有用信息，巧妙地利用这些信息可以提高教学汉字的效率。第三，汉语词汇教学。汉语词汇数量庞大，但其中不乏规律，这就需要我们去仔细研究。比如，汉语词汇中哪些首先是基本词汇、哪些是一般词汇先得弄清；其次，汉语词汇中哪些是常用词汇、哪些是次常用或不常用词汇也要弄清……只有对汉语词汇有了规律性的认识，并制定出相应的词汇教学等级大纲，我们的词汇教学才会事半功倍。第四，汉语语法教学。一直以来，汉语语法教学是对外汉语教学的一个中心，很多问题都与语法问题相关，相关的研究也相对深入一些。但即使这样我们的语法研究和教学仍远远不能适应汉语国际教育的需要。这里面需要解决的几个大问题就是：汉语语法究竟应置于何种地位、汉语语法需要教哪些内容、汉语语法该怎么样教……关于汉语语法在汉语国际教育中的地位，我们仍然坚持语法教学的核心地位，至于教学内容和方法，我们提倡教学内容要充分体现针对性、教学方法要适当灵活，总之，不应制定统一的本本，要因地制宜，努力提高语法教学的实效性。

三、汉语国际教育与学科建设

在整个汉语国际教育事业当中，学科建设起着至关重要的作用。可以说，学科建设的成与败直接关乎该项事业的得失。关于学科建设，我们主要从师资队伍建设、课程设置、教材建设等几个方面加以探讨。第一，师资队伍建设。教师问题是汉语国际教育"三教"问题之一，其地位十分重要。当前汉语国际教育在师资方面严重匮乏，但匮乏并不等于没有教师，而是缺乏真正能担当起对外汉语教学重任的教师。这里面主要存在这样一个问题：一方面汉语国际教育缺乏教师；另一方面很多汉语国际教育专业的毕业生却找不到工作。究其原因就在于不是我们缺乏教师，而是缺乏真正能用的教师。那么，什么样的教师才符合我们的要求呢？大致说，一是要具备坚实的与汉语国际教育专业相关的基础知识；二是要具备独立从事汉语国际教育研究的能力；三是要学会运用现代化的各种教学手段并熟悉各类教学法。要想达到如上标准，除了学校正规教育外，我们还应加强对相关教师的培训工作。我们不仅要加强对本国的汉语国际教育教师的培训，还要加强对所在国本土汉语教师的培训，只有两方面的教师素质都提高了，整个汉语国际教育的师资水平才会上一个新台阶。第二，课程设置。目前国内汉语国际教育专业的课程设置基本照搬对外汉语教学专业课程的设置模式，课程设置较为死板，缺乏灵活性和实用性。总体来看，课程设置应加强理论素养的培养、强化课程的应用性，课程设置要因地制宜、加大实践课的比例。因此，每个培养单位在基本参照国家标准的同时，要勇于探索适合自己的课程设置模式，努力培养创新型和实用型人才。第三，教材建设。李晓琪归纳出教材编写的五个方面，即教材编写的理论研究、教材编写的原则探讨、教材编写的国别差异、教材评估及教材的外在形式。对外汉语教学方面的教材长期以来一直是大家关注的焦点，类似《汉语教科书》这样的好教材的确凝聚了研究者的很多智慧和精力。随着汉语国际教育的快速发展，形势迫切需要更多有针对性和实用性的教材问世，这的确是摆在我们众多汉语研究者面前的一项艰巨而复杂的任务。在当前，我们应该按照李晓琪所提的五个方面去着手教材的研究与编写工作，因为教材编写的成与败直接关乎汉语国际教育事业的成败。

四、汉语国际教育与国家语言政策

当前，我们的工作已从"对外汉语教学"逐渐转变为在国际上"推广汉语"，工作的重心和思路发生了很大的改变，"推广汉语"成为一种国家行为。既然汉语国际教育已成为一种国家行为，那么我们就应该从国家发展战略的高度去审视这个问题，而且还应制定相应的语言政策去规范和引导该项事业的发展。国家在制定发展汉语国际教育的政策时，应从以下几个方面去考虑：第一，国家应从战略的高度应该加大对汉语国际教育事业的投入，这项工作在国家事务中具有十分重要的地位。当世界各国会说汉语的人数增加到一定数量和比例时，中国在国际上的安全系数、形象系数、外交系数、亲和系数都要大大高于目前。语言和文化对人的世界观的影响是不可估量的。第二，推广汉语的广告和营销工作，民间操作的效果大于国家操作的效果。世界汉语大会如果由民间学会来组织举办要比政府部门组办的实际效果好得多。因此，要多鼓励民间和校际之间的交流，这远比政府间的交流效果要好很多。第三，国家要积极向世界介绍我们的优秀传统文化，让世界真正了解和感受中华文化的无穷魅力。因为语言是文化的载体，一种语言要想成为世界上优秀和强势的语言，那么它所承载的文化必须是先进和充满活力的。汉语有一天成为世界强势语言，关键要靠自身所蕴含的中华文化的独特魅力。第四，我们不应该大张旗鼓地在国际上宣传推广汉语，这种工作只能低调进行。道理很简单，过分地地域文化宣传和某一语言的推广可能直接或间接地导致接受国有意无意的抵制，更不用说我国在意识形态领域与很多国家尚有较大差异。如果过分地张扬推广汉语，极有可能适得其反，会对我们的工作产生意想不到的障碍。近些年，很多人针对中国政府的汉语国际推广政策提出不少质疑，诸如"文化侵略"等。因此，我们要低调做事，尽可能少喊口号，真正耐心且细致地把汉语国际教育工作做好。只要我们一代又一代的汉语国际教育工作者都能坚守这个原则，汉语成为世界强势语言的日子将指日可待。

第二节　汉语国际教育专业发展

在经济全球化多元化的大背景下，国际之间的竞争日趋激烈。一个国家是否强大不仅取决于该国的军事、经济和科学技术力量的发展，同时还取决于该国文化的传承和延续。文化的发展离不开语言，语言是国家的象征和文化的载体及符合，是国家软实力的重要组成部分。我国的通用语言是汉语，在此基础上建立的专业是汉语国际教育。作为代表国家形象和国家实力的汉语，传播过程中增强了其他民族和国家对中华文化的认同感。但是，一个新兴的专业，其发展还有漫长的道路要走，本节通过其发展现状，梳理出该专业的历史背景及存在的问题，在此基础上深化内核，开拓该专业实施过程中的宽广路径。

一、汉语国际教育专业的历史回顾

我国对外汉语教学兴起于 20 世纪 50 年代初。1949 年中华人民共和国成立后，周恩来总理决定对外交换留学生，并于 1950 年 6 月 7 月在清华大学成立了交换生专修班，1951 年年初开始上课，第一年有 6 名老师及 33 位留学生，这是中华人民共和国成立以后第一个专门针对外国留学生进行汉语教学的专修机构。之后，面向越南留学生、非洲留学生的汉语专修班陆续开办。但由于受当时国内和国际局势的影响，当时的留学生主要来自亚洲、非洲和东欧等一些与中国关系比较友好的社会主义国家，人数有限。

1978 年改革开放后，汉语教学得到初步发展，来我国的留学生越来越多，这个时期有两个重要标志：一是来我国留学生逐步发展到西方国家；二是在政策上准许招收自费来华的留学生，从 1978 年到 1989 年我国共收了 40221 余名留学生，其中政府奖学金的有 13699 名、自费生有 26522 名。1990 年到 2000 年期间，我国共接收来华留学生 310000 多名，其中政府奖学金的学生有 18360 名、自费生 292000 名。整体来说，尽管来华留学生数量得到增加，但是这一时期的来华留学生无论从规模还是层次来看，都处于较低的发展水平。

2000 年之后，汉语教学进入快速发展阶段。随着改革开放的不断推进和综合国力的快速提升，越来越多的外国人选择来中国留学，2008 年，留学人数达到 223500 人。我国政府渐渐意识到发展汉语教学的意义所在，《2003—2007 年教育振兴行动计划》中的方针更是给汉语教学指明了方向，即来华留学生学习是我国的一项重要内容，是建设一流大学的内容之一，是国际交往的重要条件，发展汉语教学刻不容缓。教育部开始重视这方面的管理，不但增加了专业教学方面的师资力量，而且开始有意识地培养硕士、博士，将留学生的汉语学习作为一个重要专业发展。这种努力取得了明显的成效，到目前为止，对外汉语不但成为一个单独的专业开始运作，而且模式日渐成熟，发展走向了高峰期。

二、汉语国际教育专业的发展现状及问题

目前，汉语国际教育专业发展已经初具规模，走向良性循环之路，具体体现在高等院校、民间机构、官方机构几个方面：

（一）高等院校的发展现状及存在的问题

高等院校是汉语国际教育专业的重要承载场所。1985 年，国家批准各大高校成立对外汉语专业，为我国培养了大批对外汉语专业人才。对外汉语改成汉语国际教育后，开设的院校更是剧增。2018 年，已有 366 所学校开设此专业。

但是，高校在开设汉语国际教育取得成绩的同时，其中凸显的问题也不容忽视。高等教育开设专业的目的是培养更多优秀的汉语教师，但限于国内大多数地区的现实情况（北京、上海等经济、文化中心除外），汉语教师毕业后，很难从事与本专业相关的工作。据多个调查显示，汉语国际教育专业毕业的学生以后从事本专业工作的就业率相当低，现状是多种因素造成的，如本地对外来留学生的吸引力不够、教育部门对此行为的关注度不足。除此之外，学生学习汉语时对自身学科性质认识不清也会严重妨碍到他们的工作定位。汉语国际教育的核心任务是让外国留学生能更好地学习汉语和汉字，并培养语言表达能力。

但在实际教学过程中，大多高校该专业的课程设置不明确，对中文和外语界限不清，导致学生常常对自己的专业产生怀疑，不能很好地掌握专业的精髓，不具备核心竞争力。

（二）官方机构的发展现状及存在的问题

民间机构是汉语国际教育专业发展的有力支援机构。近些年来，我国对对外汉语教学事业的发展加强了重视度，国家和相关部门还构建了一套完整的对外汉语国际教育专业理论体系，尤其是国家一些对外汉语推广组织及两关机构针对师资、教材研发、教育对象、学校建设等各方面都做了扩张和完善建设，为的是使汉语国际教育专业教育得到加强，使汉语国际教育在国际上有更强的影响力，2009 年 10 月，世界上已有 80 多个国家建立了 280 所孔子学院和 241 个孔子课堂，这些数据恰好反映了对外汉语教学的发展。

尽管官方机构取得了辉煌的成绩，但也带来一些问题。如在国内，因孔子学院的开设资金都是由国家投入，对于教育财政来说是一份很重的负担。我国基础教育需要投入的地方甚多，急需资金支持。这种情况应予以高度重视。

三、汉语国际教育专业发展的实施途径

（一）树立开放办学意识，拓展专业发展空间

开放的办学意识是检验高校管理制度的一个重要指标，也是专业发展的指导方向。开放的办学意识可以从以下两个方面培养：第一，大局意识。大局意识即在社会大环境中考察研究办学问题，改变局限的思想观念，审时度势地观察大局，将经济发展与社会发展结合起来，使学校的发展在服务地区需求的同时，融入国家和社会发展大环境中。第二，机遇意识。当今世界正处于经济快速发展时期，科学技术的高速发展和信息时代的来临，让教育告别了传统僵化模式，互联网的扫荡一切更是给教育发展带来了多重挑战和机遇，让整个教育行业变得生机无限、欣欣向荣。

在办学意识增强的前提下，拓宽专业发展空间应运而生。高等教育激烈的竞争催生了汉语国际教育专业的高质量发展。从目前的发展现状来看，汉语国际教育专业设置不明，专业核心竞争力弱，不能很好地适应社会所需。要将此作为一个核心问题对待，在具体实践中，要制定科学合理的人才培养方案，培养学生的综合素质。课堂教学中提高学生的学习能力和创新能力，社会实践上提高学生的动手能力和实战能力，将专业发展放到经济发展和社会发展的大背景下，多视角、全方位地观察专业发展问题，提高专业的竞争力，加快专业发展。

（二）强化师资队伍

师资队伍的建设是专业发展的重中之重，汉语国际教育的师资队伍尤其如此。汉语国际教育培养的是以汉语教学为主体、背后承载了深厚文化底蕴的教师。这些教师走上工作岗位，对外就成了中国形象的代表和中国文化传播的生力军。因此，针对培育他们的师资，

要求更严格。

首先，深厚的专业基础是对汉语国际教育专业教师的基本要求。专业基础不但体现在对学科知识，如中国文化、中国语言、古典文献等娴熟知识的掌握程度，而且表现在授课中如何通俗易懂地灌输受教者的队伍，使他们成为合格的培养人。

其次，具备良好的跨文化交流能力是汉语国际教育专业教师的素质体现。汉语教学因其讲授对象的特殊性（中文非母语的外籍人士），对任课教师的跨文化交际能力提出了更高的挑战。因经济发展和国情迥异等原因，中外教师在授课形式、思想理念、课堂管理等方面存在差别。如何理性地看待这些差别，并求同存异，共建新型的良好课堂秩序，将学生培养成不照本宣科，热爱中国文化并在外国文化上也有一定文化素养和知识储备，在国际上代表中国教师的形象是对专业教师的严峻挑战。

（三）完善课程结构

单一的课程结构是现在国际教育的弊端。目前国际教育教学大多以三个月甚至一年为教育基准对学生实行汉语教育，其中以汉语言读写为主，并没有对中国文化进行系统的教学，且在课程结构上也没有介绍有关中国文化的课程。这种一体式的读写教育无法渗透中国文化，更无法传播中国文化的精髓。在以后的国际教育教学中应该完善课程结构，增加相应的中国文化介绍，而不是仅仅停留在识字教学上，且课程结构要适当增强趣味性和深度。在学生的匹配上应该根据对汉语的运用能力分为等级班，这样有利于老师在汉语教育中根据不同能力的学生进行深度教育。在对外汉语教师队伍培养上，应该完善课程结构，增加有关中国民间文化等课程，让准老师们可以在大环境下对中国文化有更深刻的理解。同时也可以开设二胡班、毛笔字班等课程，以帮助对外老师将中国文化精髓继续延续和传播。

（四）保证质量的前提下扩大招生规模

随着中国全球经济大国地位的奠定和软文化实力的推广，国外对外汉语教师供不应求已成为全球共识。因此，应在保证质量的前提下扩大招生规模，解决专业教师人力储备不足的问题，目前，对外汉语老师大多以"211""985"的师范类学生或学历为研究生拥有教师资格证的硕士研究生为主，学校等级和学历的限制导致教师选拔空间有限，无法满足国外日益增加的人才需求。合理的应对条件是在原来培养的基础上增加其他相关专业，如汉语言、历史、英语、哲学等学科的学生，以本科作为学历基础，从众多不同学科的人才积淀中选择优秀人才，并扩充到汉语国际教育的师资队伍中。这一做法不仅增加了汉语国际教育教学的生源，而且在一定程度上保证了老师的复合型综合素质。

（五）增强学生的通识能力

通识教育是未来教育发展的一个必然趋势，同时也是提高专业竞争力的重要表现。汉语国际教育作为融合语言学、文化学等学科的专业，发展过程中离不开通识教育的渗透和强化。在合理的人才培养方案中，汉语国际教育必须在多个方面做出规定，如语言的强化，语言是人与人之间沟通的基本桥梁，合格的汉语国际教育教师面对的多是外籍人士，在授课过程中，精通对方的语言，对于解决教学方面的纷争和误解非常有帮助。再如，文化能力的培养。汉语国际教育专业教师不但要精通本国文化，还要谙熟外国文化，能在理解把握两种文化中求同存异，将本专业的教学任务顺利传承下去。又如教学能力的提高，教学是一种实践，反复实践容易出真知。教学同时是一门艺术，要求教师在时间和空间有限的情况下，将每一次课变成扎扎实实的艺术展现，有效激发学习者的学习兴趣。

总之，在国际形势稳定、国内经济蓬勃繁荣的背景下，汉语国际教育专业随着当下教育潮流大步飞奔，以鲜明的专业特点、丰富的知识传授，缔造学科实力，开拓生存空间。从整体来看，汉语国际教育在世界上推广中国的声音，将五千年的优秀传统文化悉心传播，为国际文化交流史增添了诸多色彩。

第三节　汉语国际教育语言政策

随着我国经济迅猛发展，汉语国际教育事业蓬勃发展。本节主要对汉语国际教育语言政策的发展进行历时性的梳理，并从语言政策的角度分析影响变化的因素。

语言资源在世界范围内的竞争日趋激烈，提升我国语言文化的对外传播实力可以有效地提升中国文化的软实力，对于提升"文化自信"具有不可言喻的作用。甚至有学者认为，一个国家想要在世界上立足，这个国家的语言就一定要走向世界；一个称为强者的国家，其语言必须是"强势语言"。汉语国际教育作为汉语对外传播的主要渠道，研究其语言政策的发展路径对于我国语言文化的对外传播具有重要意义。本节主要借助语言政策理论作为理论基础，使用文献综述法作为主要研究方法，对汉语国际教育的语言政策做一个历时性综述。笔者认为，研究汉语国际教育语言政策，可以清晰地认识过往政策所产生的变化以及引起这些变化的原因。

以往关于汉语国际教育政策的历时性研究不多，大多研究集中在对于汉语推广政策研究与外国语言政策推广研究的对比上，用别国的语言推广政策对比汉语的推广政策，通过汲取其他国家的语言推广政策的有益之处来提升汉语的推广实力。例如，从新加坡本土的华文教育政策中"文化融合"的角度，提出新加坡华文教育政策是如何体现"文化融合"的以及提出汉语国际教育在"文化融合"上的几点策略。

通过对法国语言推广政策的研究，从语言政策制定的背景及语言推广政策的内容和实施，揭示法语推广的特点以及对于汉语推广的启示。

诸如此类，介绍其他国家的语言推广政策的内容与特点，望借此来启发汉语推广政策的创新与发展。但这种方法对于汉语国际教育政策本体研究有所缺失，对其发展路径、演变过程没有详细的研究。

一、语言政策与汉语国际教育语言政策

（一）语言政策

关于语言政策的界定有很多，最基本的就是指对该国语言问题所持有的根本态度。曾担任国家语委的副主任陈章太先生认为，"语言政策是国家和政府关于语言地位、语言作用、语言权利、语际关系、语言发展、语言文字使用与规范等的重要规定和措施，是政府对语言问题的态度的具体体现。"Bugarski 则认为，语言政策是一个社会在语言交际领域所制定的政策，语言沟通的地位、原则及决策充分反映了社区与语言沟通潜力之间的关系。目前学术界较为认可的语言政策的概念为："语言政策是语言使用者在语言交际的过程中，对所使用的语言所抱有的态度从而制定的相关的法规、法律等。"由于不同国家的历史现状不尽相同，语言政策的定义也必将受其影响。

（二）汉语国际教育语言政策

开创期：中华人民共和国对外汉语教学的专门教学机构的成立可以追溯到 1950 年的清华大学的"东欧班"。"东欧交换生中国语文专修班"的开学，标志着中国第一所对外汉语教学机构的成立。1962 年 7 月，国务院外事办，拟订了外国留学生和实习生工作的两个试行条例草案。1963 年 8 月，高教部召开了中华人民共和国成立以来的第一次全国留学生工作会议。《外国留学生工作试行条例（草案）》的制定和第一次全国留学生工作会议的召开，使外国留学生高等预备学校以及有关院校留学生教育和管理工作的任务、方针、政策更加明确，开始步入有章可循的规范化轨道。1965 年 1 月，外国留学生高等预备学校更名为北京语言学院，在办学规模、模式以及办学层次上都把对外汉语教学提升到了一个更为突出的位置。1956 年，成立了以外国驻华机构为服务对象的专门机构——外交人员服务处，使针对外国驻华使团人员的汉语教学成了有计划、有组织的教学活动。

发展期：党和国家也十分重视对外汉语教学工作，多次召开各种会议指导各类工作，为对外汉语教学铺平了道路：①成立了"国家汉语国际推广领导小组办公室"（简称"汉办"），专门负责和协调汉语的国际推广工作。②设立了汉语水平考试。1984 年开始研制"汉语水平考试"（HSK），1991 年中国向海内外推广中国"汉语水平考试"，该考试是为测试母语非汉语者（包括外国人、华侨和中国少数民族人员）的汉语水平而设立的国家级标准化考试。③建立对外汉语学科。中国教育部把对外汉语教学提升为二级学科，即在汉语言文学项下设一个"国际汉语教育"二级学科。保证了对外汉语在理论研究上和教师供给上的科学发展。1999 年 12 月，第二届全国对外汉语教学工作会议在北京召开。国家对外汉语教学领导小组组长，陈至立做了"提高认识，抓住机遇，增强紧迫感，大力发展对外汉语教学事业"的主题报告。这次会议是中华人民共和国成立以来规模最大，任务与目标最明确的一次关于对外汉语教学工作的会议，为新世纪的对外汉语教学工作指明了方向，是这项事业深入发展的全新的、强大的动力。会后，国务院批准了《关于加强对外汉语工作和实施五年工作计划的请示》，这为新世纪对外汉语教学工作指明了方向，从根本上保证了会议精神的全面落实。由国家语委参与制定的《中华人民共和国国家通用语言文字法》颁布，其中规定对外汉语教学应当教授普通话和规范汉字，这使对外汉语教学事业的发展有法可依。

深化期：①确立了"汉语国际推广"未来发展方向。2006年3月，国务院办公厅转发的《若干意见》，提出了汉语加快走向世界的指导思想、总体规划和政策措施。同年，"国家对外汉语教学领导小组"改名为"国家汉语国际教育领导小组"，其下设的国家汉办将一系列政策统筹与汉语国际教育这一大目标下。制定《对外汉语教学事业2003年至2007年发展计划，及"汉语桥工程"》。②孔子学院的建立。中国教育部和国家对外汉语教学领导小组（现国家汉语国际推广领导小组）于2002年开始酝酿在海外设立语言推广机构。2004年3月，中国国务委员陈至立将中国设在海外的非营利性汉语推广机构正式定名为"孔子学院"。她明确指出：孔子学院以教授汉语和传播中华民族文化为宗旨。2004年6月，乌兹别克斯坦塔什干孔子学院举行协议签字仪式。这是第一所签订合作协议的孔子学院。2004年11月，韩国首尔孔子学院挂牌成立，它是全世界首家正式挂牌成立的孔子学院。2005年7月，国家汉语国际推广领导小组办公室（简称国家汉办）在北京召开首届世界汉语大会。首届世界汉语大会的召开，标志着汉语国际传播作为一项战略性的国家政策开始全面实施。③汉语国际教育成为展现国家文化软实力的重要工具。2011年以来是中华文化"走出去"步伐提速的时期。2011年，党的十七届六中全会通过了《中共中央关于深化文化体制改革推动社会主义文化大发展大繁荣若干重大问题的决定》，指出中华文化的国际影响力需进一步增强。2012年，党的第十八次全国代表大会报告明确提出，要让中华文化走出去迈出更大步伐，增强中华文化的国际影响力。《国家"十二五"时期文化改革发展规划纲要》对海外中国文化中心建设提出了具体要求，文化中心自此加速了建设步伐。

二、用语言政策分析影响汉语国际教育政策的因素

Spolsky在《语言政策》一文中提出，影响语言政策的因素可以从社会语言状况、国家语言意识形态或语言信仰、语言权利几个方面来分析。而汉语国际教育语言政策的转变也可以以此为基础来分析，并且可以对未来的政策趋势作出合理的预测。

社会语言状况。社会语言状况是最客观最基础影响语言政策的因素。语言政策的制定必须根植于社会最基本的语言状况，一个政策的制定必须首先考虑最现实的语言状况。可以看出，汉语国际教育政策转变也受社会语言状况的改变而改变。首先，随着《汉语拼音方案》的出台以及我国普通话政策的推广和普及，为汉语国际教育中的语音、词汇、语法制定了规范教学的依据。随着我国教育事业的恢复和发展，英语作为普遍学校初级教育的第二语言，越来越多的教育人才和双语人才被发掘，这都为汉语国际教育的人才储备提供

了资源。可以看出，汉语国际教育语言政策的制定正是基于国内一系列语言政策的改变而变化。

而最影响社会语言状况的基本因素是政治因素和经济因素。在汉语国际教育起步阶段，正是因为政治上需要，才促成了这一学科的建立，中华人民共和国成立初期，需要通过交换留学生来宣传中华人民共和国从而得到国际社会的认可。中华人民共和国要谋求生存空间的同时还要缩短与世界的距离，而交换留学生很好地承担起了这个任务。这正是这个时期语言政策的最基本社会环境。而到了"发展期"，随着改革开放，我国不论是从经济基础还是国际地位都有了大幅度提高，这就直接影响了语言政策需要更大的发展空间和发展平台，而此时政治因素不再是决定汉语国际教育语言政策制定的唯一的基本因素，经济和文化的双重作用乃至全球化的进程都是影响政策制定的最基本因素。可以预见的是，随着我国经济实力的攀升、政治基础的不断稳固，国际化的大国形象深入人心，汉语国际教育的语言政策会紧随国家战略的变化而变化。

国家语言意识和语言信仰。Spolsky 就指出"语言是一种选择"，大多数国家都有自己的语言意识形态，语言意识形态直接决定了对本国语言和使用该语言的信念。汉语国际教育语言政策的制定其中重要的一点就是，我们并不是"文化输出"，也不是"文化渗透"。这其中涉及语言信仰，大多数国家都有自己的语言信仰，进行汉语推广和建立孔子学院的国家大多是西方资本主义国家，其国家意识形态与我国截然不同，所采用的国内语言政策也很不相同，采取分国别的汉语推广政策也是汉语国际教育所面临的重大问题。我们应强调受众者对于汉语的态度，这既包含对汉语本身声誉和形象的评价，同时也包含对于推广者的方式方法的评价，建立或改善汉语在受众者心中的形象，这就是一种对于汉语的"声誉规划"。这样的政策多集中于民间，例如，江苏大学与奥地利合作的孔子学院，推出一种"汉语老爷车"的汉语推广方式，即在城中开通一条"汉语专线"，每个上车的市民可以学习几句简单的汉语，并在行程途中介绍中国的文化、经济、历史等方面内容。在下车时颁发"掌握基础汉语使用"证书，市民凭此证书可到孔子学院免费试听不同种类的课程。这就使得汉语在基层得到很好的推广，有助于达到"汉语成为外国人广泛使用的语言之一"的目的。

语言权利。语言作为公民或者说是人类共同的权利，在许多国家已经被写入宪法当中，还有少数国家特别设立了专项语言法。可以说，我国语言法的成熟和完善，也为汉语国际教育语言政策奠定了坚实基础，只有当母语为汉语的公民学习汉语，使用汉语的权利得到保障，才有可能将汉语发展为一门"世界性"的语言。我国关于语言权利的法案集中呈现于《宪法》：1954 年《宪法》为标志的语言权利初步确立。1982《宪法》和 2004《宪法修正案》为标志的语言权利的增强和全面保障期。而国家通用语言文字作为国家语言政策的一部分，已被成功纳入我国法律体系当中。其标志性成果为《中华人民共和国通用语言文字法》，该法是我国原政策和语言规划的重要依据，该法从 2001 年 1 月 1 日开始实施，该法第一次以法律的形式确立的普通话和规范汉字作为国家通用语言文字的法律地位，是我国第一部关于语言文字的成文法律。而此时我国汉语国际教育事业进入发展期，教授规范化的汉语是我们事业的一贯宗旨，而《语言文字法》的确立，让我们真正做到"有法可依"。当然，我国关于语言权利的法律体系尚不完善。例如，关于海外华侨语言权利的法律法规就很欠缺，关于汉语国际教育事业的发展，海外华人是不可忽视的力量。如何得到海外华人的帮助，使本土教师迅速融入当地生活，这仅凭借海外华人的"民族情怀"是不够的，我们首先要保障他们使用汉语的权利，在交流时使用汉语不会被本土民众藐视，在使用汉语时有获得翻译的权利，当然这不仅仅涉及语言权利，也同样是国家"软实力"的体现，但随着我国国际地位的不断提升，海外华人的使用汉语的语言权利并没有相应的法律后盾作为有力支持。

三、汉语国际教育语言政策存在的问题及对策

（一）汉语国际教育语言政策中存在的问题

语言政策的研究是对外汉语教学领域长期被忽略的问题。学界大多关注语言本体的研究和语言自身的结构，而我们认为，研究的对象不仅仅是语言，而应该兼顾言语，提倡把语言本体之外的社会因素联系起来研究语言，研究语言在实际的社会生活中是如何使用的。而在语言推广过程中，各个国家语言和各个国家的关系同样十分重要。想要处理好汉语和国家本土语言的关系，仅凭借语言学知识是不够的。汉语国家教育语言政策与我国的国家政策是紧密相关的。因此，汉语国际教育语言政策的研究内容应涉及政治、经济、民族、国家等多方面内容。我们认为，在汉语国际教育语言政策中有以下几个问题需要解决。

有关法律法规缺失，相关政策制定和更新不及时。现阶段我国明文规定的有关语言的法律，除宪法外，只有一部2000年10月31日通过的《中华人民共和国通用语言文学法》，其中汉语推广只有一点："对外汉语教学应当教授普通话和规范汉字"。相关法律的缺失不仅会影响政策制定的权威性，其约束性也会大大减弱。我国关于汉语海外推广的立法工作，设立汉语海外推广机构的门槛设定，监管福利优惠政策的制定、机制的监督，相关的法律是严重缺失的，且相关机构的规范化运行、人员活动的权限、汉语教师及相关工作人员的行为准则等尚没有规范化的政策。同样，面对风雨突变的国际形势，我国和各个国家的关系也会产生微妙的改变，无论是政治上的关联，还是国家间的经济利益关系，都会影响汉语在该的"热度"，而相关语言政策没有及时跟进，就会导致在该国的语言推广的失败。

国内的汉语教育受到"冷遇"，国民汉语能力下降。语言是一个国家文化的重要组成部分，同时也是制定语言政策和语言推广政策的重要基础。而在我国语言和教育政策过分强调外语教育，往往忽略了汉语母语教育。学生花费大量时间在外语（主要是英语）的学习上，忽视了对外汉语的学习和中国文化的研究。中国汉语语言教育政策也很不具体，语文的教学方法也缺少突破和创新。这样的现状会直接导致优秀汉语教师资源的稀缺，这也会直接影响对外汉语"教书匠"的人才匮乏，对汉语国际教育事业的发展起到不利的影响。

孔子学院"一枝独秀",缺少多样性机构以及机构角色单一。在如今迅猛发展的汉语国际教育事业中,汉语教师不仅仅是一名"教书匠",其更承担了传播中华文化的艰巨任务。而汉语推广实施的机构(孔子学院)却显得功能单一,使得汉语推广渠道少,效果不尽如人意。现存的实施机构,如"孔子学院",缺少模式的创新和范围的扩展,缺少相应的细化机构。教学系统和管理系统仍然不够完善。缺乏不同职能的组织机构协调分担各项工作,只是统筹发展,细化分工的语言推广系统缺失,使得汉语推广的效率低下,落实程度较低。

缺少国别和不同地区研究。辩证唯物主义中明确指出:"具体问题具体分析"。我国汉语国际教育不应该只停留在一个平面,应该多层次、全方位,既要符合国家利益,又要满足多方需求,重点突出,特色鲜明地开展。"在这个更高的境界里,我们不仅要有汉语的眼光,还要有印欧语的眼光、非洲土著语言的眼光、美洲印第安语的眼光"。在全球范围内的汉语国际教育推广也需要不同的"眼光"。目前我国对于重点国家重点地区的汉语推广政策研究并不深刻。由于文化、政治、意识形态、民族等方面存在明显差异,不同国家和我国的历史渊源和国家关系不尽相同,对于不同国家缺乏汉语历史和现实政策的考察,都对汉语国际的推广产生了巨大阻碍。

(二)汉语对外传播政策构想与建议

政府应对汉语对外传播高度重视。随着我国"一带一路"倡议的提出,与周边国家的接触和往来的机会增多,语言是最主要的交际工具,是我国实现持续发展不可缺少的一环,中国主张"人类命运共同体"意识,为周边国家提供更多机会,这就要求汉语成为其中关键要素。国家的战略政策应该包含汉语推广。我国主张四个自信,其中最主要的就是"文化自信""走出去"战略,这都为汉语对外传播提供了重要契机。对外汉语的传播要成为我国强国战略的重要文化组成部分,应该与国家外交政策紧密相连。我国也提出了"汉语加快走向世界,增强我国文化影响力、提高国家软实力,提高汉语国际地位"的战略,为此我国需要全面调整汉语传播策略,学习其他国家对外语言传播模式。目前汉语的国际传播需要完善的政策主要有:成立汉语国际传播的相关职能机构;确定汉语国际传播的总方针;汉语国家考试系统的完善等。

注重人才培养,提升汉语教师水平。汉语推广在全球范围内如火如荼地进行当中,与之相反的却是汉语教师的稀缺。海外汉语学习者与汉语教师数量完全不成比例,从事汉语教学者的所学专业不同,导致汉语教学质量下降。我国许多高校都开设了汉语国际教育本科专业,但据调查研究分析,毕业后从事对外汉语教学工作的毕业生少之又少,大都从事了与汉语国际教育不相关的职业,在培养模式上也过于单一,重视汉语基础,即语言本体的研究,对于跨文化交际的能力的训练缺失;注重理论的介绍和研究,但缺少学生走上课堂的机会,缺少课堂实践注定无法一毕业就能担任传播汉语的任务。因此,改变汉语国际教育本科的培养机制势在必行,首先应改变学科设置,多利用学校本身的留学生资源作为训练的对象,在教授汉语基础、中国文化的时候更应该注重其在汉语教学中是如何应用的。

我们需要的是"国际化""复合型"人才，学生不仅要有深厚的汉语言功底，而且要有熟练地跨文化交际能力。各高校可以考虑对汉语国际教育硕士的培养方式进行改革，丰富课程设置、优化课程结构。此外，应该借鉴别国关于外语教师的评价政策，不断地修订《汉语国际教师标准》。

面对有着不同语言意识形态的国家采用不同的语言传播形式。汉语推广要想取得成功，应该因地制宜，不同的国家应该采取不同的传播政策，其中，国家语言意识形态应该重点考虑。由于地缘特点和文化具有传承和一致性，亚洲地区的汉语传播明显要优于其他地区和国家，同时密切的经济贸易往来也是促进汉语传播的重要因素。美国文化具有开放性和兼容性的特点，同时美国华裔人数众多，使得汉语的传播工作在美国能够顺利进行。在一些欧洲国家，由于本国语言政策的保护意识以及国家语言意识形态迥异，汉语推广陷入困境。对于其他的国家和地区，要进行详细的调查，了解该国国民对汉语和汉文化所持有的态度，研究和分析民众对汉语的需求程度和对汉文化的包容程度，从而制定行之有效的汉语推广政策。应该具有全球视野，在不同地区、不同国家根据当地民俗做好汉语融合工作。目前，这方面的汉语政策研究和实施已经逐步展开，但仍需要多角度、深层次、全方位的探索。

最大限度地满足和保障海外华人使用汉语的权利语言权利，包括个人和群体两种语言权利，涉及公民的生存与发展的权利。保护人民语言权利的目的是保障权利主体可以自由选择语言，立法可以起到保护语言权利的作用，而政府的发展举措、宣传、培训、教育教学、相关机构的设立都对语言权利的保障发挥着一定的作用。境外同胞的母语掌握程度是影响一个国家语言传播的重要因素之一。许多国家（如俄罗斯）语言境外传播政策很大一部分作用是为了满足境外同胞对语言的需求，成为联系境外同胞和国家文化之间的纽带。在我国，海外华侨和华人承担起连接国内和国外的重要手段，所以，在制定对外汉语传播政策和实施时要将海外同胞作为传播的重要对象，我国汉语传播应该优先考虑的问题就是华侨华人的语言权利，致力于维护境外同胞的利益，要加强和他们的联系。国家的语言文字信息应保持畅通，保障海外同胞通过汉语获取信息和表达思想的权利，帮助海外同胞方便地学习和使用汉语，等等，最大限度地满足他们的语言需求，以全面促进汉语国际传播。

第四节　汉语国际教育信息化

当前国际社会出现了一种全球汉语热，越来越多的国家和地区开始重视汉语的学习，这是我国综合国力和国际影响力不断增强的结果。汉语国际教育不仅能够使汉语走向世界，还能够进一步推动中国文化的发展，提高中国的国际影响力。本节主要从汉语国际教育信息化发展的背景、阶段、现状以及措施这几个方面来进行分析。

一、汉语国际教育信息化发展的背景

当前汉语国际教育信息化的发展具有非常鲜明的时代背景。一方面，当前文化交流的范围日益扩大，人们对于不同文化的需求和接受能力越来越强，时代的进步和发展需要进行不同文化的交流，在交流中实现发展和进步；另一方面，互联网时代的到来为汉语国际教育信息化的发展提供了技术可能。21 世纪是互联网的时代，互联网技术的发展对信息传播起到了巨大的作用，首先，互联网时代的到来改变了传统的信息传播方式，在互联网时代信息传播的速度越来越快，范围也越来越广；其次，互联网对汉语国际化教育的方式也产生了非常重要的影响，尤其是网络课程的出现是教育界的一个重大变革。对于汉语国际化教育来说，打破了时间和空间的界限，网络远程课和网络授课已经成为当前国际汉语教育的重要方式，对国际汉语教育的发展具有重要的意义和推动作用。除了以上两个方面之外，当前汉语国际教育信息化的发展还有一个比较重要的背景是当前国际贸易的发展，国际贸易潜移默化地影响着人们对外国文化的看法，同时在国际化贸易中人们能够深切地感受到对外国文化的需求，当前我国对外国际贸易日益发达，与越来越多的国家建立了贸易关系，通过这种国际贸易使其他国家进一步感受到了中国文化的美丽以及中国文化的重要性，正是在这三种背景的交相影响下，当前汉语国际教育信息化得到了很大的发展。

二、汉语国际化教育信息化发展的现状

（一）文化交流的能动性不足

汉语国际化教育信息化发展实际上是一种文化交流，当前这种文化交流缺乏能动性。文化交流的能动性是指文化交流应当是一种自觉的过程，是在自愿、自觉的基础上发展起来的。首先，当前推动这种汉语国际化教育的是一种比较功利化的目的，往往带有一定的目的，不是一个自觉的、主动的过程；其次，技术手段翻新慢是汉语国际化教育信息化发展过程中能动性不足的又一表现，而造成这一现象的原因也是当前汉语国际化教育这一文化交流过程中功利性的目的太强，技术的发展往往是为了实现这种功利性的目的，而这种功利性的目的又不能支持技术翻新，所以，在很大程度上造成了技术手段翻新慢；最后，当前人们对于汉语国际化教育缺乏相应的信心，忽视了其重要性。因此，不论是社会还是国家都对国际化教育的作用持有保留的意见。

（二）教师的素质有待提高

当前影响汉语国际化教育信息化发展的另一个因素是当代教师的素质。教师在汉语国家化信息化的发展中具有重要作用，但是当前我国从事汉语国际化教育的教师素质还有待进一步提高。首先，当前我国教师的专业素质有待提高，从事汉语国际化的教师需要取得相应的教学资格以及具有一定的教学经验，但是当前的教师往往不能同时具备这两种资格；

其次，教学应当是一个教学相长的过程，但是当前我国从事汉语国际化教学的教师往往缺乏自我提高和自我进步的意识，对于一些新鲜的知识和比较现代化的教学技能，如信息化在教学中的应用以及个教学带来的巨大变革，接受得比较少，这导致当前教师的素质成为阻碍汉语国际化教育信息化发展的重要因素。

（三）政策支持不够

汉语国际化教育信息化的发展是一项比较庞大、复杂的工程，涉及很多方面，因此，需要政府相应的扶持政策，但是在当前，我国政府对汉语国际化教育信息化发展的支持远远不够。首先，当前对汉语国际化教育信息化的政策比较少，没有相当数量的政策，就相当于孤掌难鸣，很难发挥相应的支持效果；其次，当前政府扶持政策的方式不够精确，当前的政策针对性不强，没有在内容的基础上设置政策，因此，对汉语国际化教育信息化的推动作用不大。

三、汉语国际化教育信息化发展的措施

（一）增强汉语国际教育的能动性

增强汉语国际教育的能动性。首先，要正视文化交流在当前社会中所起到的作用，发自内心地重视汉语国际教育，而不是为了某种功利目的而进行汉语国际教育；其次，在进行汉语国际教育时不能将关注点仅仅放在汉语本身，而要考虑到汉语所代表的中国优秀文化，通过汉语将中国文化推广到全世界，这样才能更进一步地使人们自觉地推动汉语国际教育的发展。

（二）提高教师的教学水平

教师的教学水平是影响汉语国际教育信息化的重要因素，为了进步一步提高教师的教学水平，首先，政府在选择汉语国际教育教师的时候应当进一步提高标准，加强要求。一方面，教师要具有一定的汉语水平和中国传统文化的基本素养，这样才能传播更加优秀的中国文化；另一方面，教师应当具有一定的教学技能，能够更好地将知识传授给世界各地对汉语和中国文化感兴趣的人。其次，政府应当更加注重对汉语国际教育教师的培养工作，在培养中注重对他们按照上述标准进行培养，只有政府和相关的教育部门培养出更多的专业人才，才能够有效避免在汉语国际教育信息化发展中面临人才资源短缺这一问题。再次，教师在教学过程中应当注意不断地提升自己的专业素质，教学既是学生发展的过程，也是教师不断自我提高的一个过程，教师应当实现教学相长，不断提升自己的教学技能和专业素养，以更好地推动汉语国际教育信息化的发展。

（三）政府进一步加大对汉语国际教育的扶持政策

政府的支持是汉语国际教育信息化发展的重要措施，当前政府的扶持力度还远远不够，为了进一步加大政府对当前汉语国际教育信息化发展的扶持力度我们应从以下几个方面来

进行努力。首先，政府应当进一步加大财政补贴，用于相关人才和硬件设施的配备，开辟专项资金能够为汉语国际教育信息化发展提供重要的物资支持，同时能够提高人才培养的水平，增强汉语国际化教育对人才的吸引力，进一步促进其信息化的发展。其次，政府在制定相关政策时应当使政策更加具有针对性。也就是说，政府制定的政策应当是基于当前汉语国际教育信息化发展的现状，避免假大空类型政策的出台，只有针对真正的问题才能起到更好的作用。

汉语国际教育是当今社会一个重要的现象，随着文化交流范围地不断扩大、互联网技术的发展以及国际贸易地推进，汉语国际教育信息化是当前我国汉语教育的重要趋势。当前我国汉语国际教育信息化还存在一定的问题，诸如教育的能动性不足，在发展汉语国际教育时主要是在功利化目的的推动下进行的；从事汉语国际教育的教师整体素质不高，难以负担汉语国际教育信息化这一重要的责任；国家政策扶持力度不大，难以满足汉语国际教育信息化的要求。为了进一步提高当前汉语国际教育信息化的水平，推动汉语国际教育信息化的发展，一方面，我们应当加大政府的扶持力度，从资金、人才以及推广宣传等多个方面的政策来推动汉语国际教育的信息化发展；另一方面，则应当加大汉语国际教育的能动性，使人们充分认识到汉语国际教育的重要性，从而推动技术翻新，从技术层面促进汉语国际教育信息化的进步；此外，教师水平的提高也是汉语国际教育信息化的一个重要措施，要不断地提高教师的专业素养、教学能力以及对信息技术的掌握和使用能力，从而促进汉语国际教育信息化的发展。综上所述，汉语国际教育信息化将有一个好的发展趋向，对推广中国传统文化具有重要意义。

第五节　汉语国际教育的发展路径与前景

汉语国际教育是有效推进汉语国际传播的重要途径。本节从汉语国际教育的发展历程入手，论述了对外汉语教学从应对之需到主动出击的汉语国际推广途径，指出汉语国际推广是实现汉语国际传播进程中必须经历的一个阶段。通过对比英语实现国际传播的路径与方式，提出汉语国际教育必须适时地做出调整，从现在的汉语国际教育主体地位转向主导地位，使汉语国际教育由"撒种播种"逐渐转变成"落地生根"，真正让汉语言文化在国际上得到广泛传播，提高我国在国际上的大国地位和影响。

汉语是世界上使用人数最多的语言，却不是最具影响力的语言。事实上，汉语在世界上的影响力不要说与英语比，就是和俄语、阿拉伯语、日语等语言相比，也存在着一定的差距。造成这一情形的原因是多方面的，但随着我国经济的快速发展以及国际地位的不断提升，这一情形正在逐渐发生改变，越来越多的外国人对中国的语言文化产生了浓厚的兴趣，开始了一股学习和使用"汉语热"。

本节从汉语国际教育的发展历程入手，指出我国的汉语国际教育，无论是早期为应对来华外国人使用汉语之需开设的汉语短期培训课程或项目，还是现在以在海外设立孔子学院或课堂为主的汉语言文化国际推广行动，都还只是处于以"我"为中心或主体的对外汉语教学的"撒种播种"阶段。我国在这方面的大量资金投入，只是在一定程度上促进了汉语言文化国际传播的进程，远未达到一些学者所说的汉语国际化（globalization of Chinese language）的层次或水平。汉语现在还不是一种世界通用语，我们在短时间内是不可能实现汉语国际化的。加强汉语国际教育工作，其目的在于提高海外人士对汉语言文化的认可度和认知度，促进汉语言文化的国际传播，提升我国在国际上的大国地位和影响。显然，汉语国际推广是实现汉语国际传播必须经历的一个"撒种播种"阶段。接下来，汉语国际教育必须适时地做出某种调整，要有意识地维护和创造良好的氛围和环境，让我们在世界各地撒下的汉语"种子"得以落地生根、茁壮成长。

一、汉语国际教育的发展历程

（一）对外汉语教学

我国对外汉语教学由来已久，但有系统、有组织地进行对外汉语教学，主要是在中华人民共和国成立之后。1951 年，清华大学第一次对东欧招生，标志着真正意义上的对外汉语教学的开始。于 1983 年成立的全国性学术团体——"中国教育学会对外汉语教学研究会"，标志着对外汉语教学学科的正式诞生。对外汉语教学是指对外国人的汉语教学，对象多半是成年人，是一种外语教学，它的任务是训练、培养外国学生正确使用汉语进行社会交际，培养跨文化交际能力，进而理解中国文化。王乐指出，对外汉语教学既是一种语言教学，同时也是一种文化教学，两者之间的统一性是对外汉语教学的根本特性。在此过程中，如果仅将教授语言作为单一任务，便失去了潜移默化传播汉文化的机会。因而，如何成功地同步语言教学和文化教学，成为对外汉语教学的研究重点。

我国对外汉语教学的整个发展过程是从应对之需到主动出击的过程。起初，对外汉语教学是为来华的外国人提供汉语言的基本技能训练，在国内成立专门的学校和机构，侧重于"请进来"，可以说，在这一时期我们的对外汉语教学还处于被动应对阶段。来华学习汉语的人数很少，对外汉语教学尚未成规模、系统化，对外汉语教学的理论和方法也处于初始启动阶段，很多想法和做法都不是很成熟。

改革开放以来，中国经济快速腾飞，中国在世界上的大国地位日益彰显，这自然在国际上引发了一股"中国热"，"中国热"又带动了"汉语热"。根据教育部于 2016 年 4 月初发布的 2015 年全国来华留学生统计数据，共有来自 202 个国家和地区的 397635 名外国留学人员来华学习，这个数据比 2014 年的 377054 人增加了 20581 人，与 2013 年的 20 多万人相比翻了将近一番，并且还有持续快速增长之势。加强对外汉语教学工作，积极主动地为国内外汉语学习者提供及时高效的汉语言文化教学服务工作，成为现实之需、当务之急。中国的崛起是汉语走向世界的基础和条件，随着中国综合国力的增强，对外汉语教学也将迎来新的春天。

（二）孔子学院：汉语国际推广的主动之举

2005 年 7 月，中国的对外汉语教学进入一个新时期。首届"世界汉语大会"的召开，标志着对外汉语教学已经将目光逐渐转向汉语国际推广。汉语国际推广是汉语在国外有了一定基础之后我国政府所采取的一种主动行为。这主要是因为改革开放后，中国的国际影响逐渐增强，作为交流的工具，汉语已成为一种工作需要。为满足当地社区学习汉语多样化的需求，在从被动到主动的转变中，孔子学院应运而生。孔子学院（Confucius Institute），是中国国家对外汉语教学领导小组办公室在世界各地设立的推广汉语和传播中国文化与国学的非营利性教育和文化交流机构。全球首家孔子学院于 2004 年 11 月 21 日在韩国首尔成立，2015 年 12 月 21 日，全球 134 个国家（地区）已建立 500 所孔子学院和 1000 个孔子课堂。孔子学院现已为推广汉语教学、传播中国文化及汉学的全球品牌和平台。2007 年，国家汉办主任许琳在接受《环球时报》的记者采访时强调指出：孔子学院是应世界各国人民对汉语学习的需求，增加各国人民对中国文化的了解，加强教育文化合作交流而建立，每所孔子学院都是国外大学争相创办，主动向我们提出申请，这种热情挡也挡不住。

需要指出的是，我们的主动作为并不一定都会换来积极的响应，有时会出现负面的反弹。2012 年 5 月，美国审查孔子学院学术资质，要求部分教师离境。2014 年 9 月，美国芝加哥大学、宾夕法尼亚州立大学宣布，将与中国孔子学院停止合作。2015 年 6 月 30 日，瑞典斯德哥尔摩大学孔子学院关闭。

遭遇挫折是难免的，但汉语国际推广的总体发展趋势是好的。需要明确的是，汉语国际推广是汉语走向世界不可逾越的一个阶段。可以说，只有经历汉语对外推广的这一步，才有可能实现提高汉语的国际地位，推动汉语言文化走向世界。

（三）汉语国际教育

在"汉语国际推广"的影响下，汉语作为外语教学也在发生着变化。从汉语国际推广到汉语国际教育，两者的不同之处在于"推广"与"教育"："推广"是指扩大施行或作用的范围；而"教育"则是指培养新生一代准备从事社会生活的整个过程，主要是指学校对儿童、少年、青年进行培养的过程。汉语国际教育较汉语国际推广而言，更注重培养的过程。譬如我们的孔子学院，"孔子"只是一个符号，并没有真正进入孔子的思想，更谈不上在国外产生持久深远的影响。赵金铭指出，汉语国际教育的学术定位属于第二语言或外语教学，学科定位属于应用语言学，下辖国内的对外汉语教学（汉语作为第二语言教学）、海外的汉语作为外语教学。汉语国际教育的主旨是努力拓宽发展汉语教学，同时传播中华文化。袁礼从狭义与广义两个层面界定了汉语国际教育：狭义的汉语国际教育是指对华侨华人进行中华语言及中华传统优秀文化的教育；广义的汉语国际教育是指对中国人与外国人进行中华语言、文化、宗教、民俗、经济、政治、社会、科技等直接或潜移默化的教育。

不论是广义还是狭义，汉语国际教育的框架都是在国际环境下的汉语教育。换言之，汉语国际教育不再是简单的对外汉语教学，它是对外汉语教学进一步发展的产物，视角要从最初的"国内"环境切换到"国际"环境；此外，汉语国际教育还包括传播汉语言和汉文化的双重使命，这对对外汉语教学来说是质的飞跃，也为日后的汉语教学确定了新的发展方向。

汉语国际教育不仅是一种教育行为、教学行为，同时也是一种国际传播行为。与此相比，汉语国际推广更强调传播语言的主动性，强调汉语国际传播中的主动性，容易造成误解，引发接受国的反感或抵触，给捏造所谓"中国威胁论"的人落下口实。刘毓民对国内外 600 名从事汉语国际教育的老师所做的调查表明，汉语国际教育比汉语国际推广更能展现和平意图。因而，在汉语国际的架构下，如何克服谣传的干扰，成功传播汉语言文化，需要更多切实有效的策略与方案。

二、英语国际教育的发展历程

成功地推进汉语言文化的国际传播并非易事。对外汉语教学实际上是一种外语教育教学，它与其他针对非母语说话人的语言教育教学（如英语教育教学）本质是相同的。研究这方面现有的成功范例，借鉴已有的成功经验，对我们开展和推进汉语国际教育无疑有着重要的指导意义。

英语国际教育的发展历史有 1500 多年，英语现已成为世界上最为通用的语言之一。英语作为第二语言被广泛使用，可以说与大英帝国的世界影响和美国二战后占据世界霸主地位是密切相关的。现在全世界有 10 多个国家以英语为母语，45 个国家以英语为官方语言，世界三分之一的人口（20 多亿）讲英语，全世界 75% 的电视节目用语是英语，四分之三的邮件是用英语写的。我国学过英语或正在学习英语的总人数超过 3.72 亿，差不多相当于以英语为母语的国家人口总和。对于母语非英语的群体来说，无论是要发表学术论文、阐述个人思想，还是要参加国际上的商业、学术等各类活动，若要与其他英语非母语的群体进行交流和交往，就必须主动地去学习和掌握现今世界上与人交往最为重要的交际工具——英语，即现今各领域采用的国际通用语（Lingua Franca）。

英语现在所取得的国际地位和国际影响，当然与英美两国在世界历史上所做出的贡献是分不开的。19 世纪，英国作为日不落帝国为英语走向世界做出了很大贡献。虽然两次世界大战之后，英国的世界影响力大不如前，但美国在两次世界大战之后迅速崛起，取代英国有力地推动英语成为世界强势语言。当然，光有强劲的综合国力还不够，就美国英语而言，无论是美国政府还是民间组织，都在美国英语的教育方面投入了大量的人力、物力和财力，不仅在官方层面，也在民间层面大力促进了美国英语在全球的推广与传播，这才使美国英语在全球范围内迅速发展。风靡海内外的美国动画大片、好莱坞电影、音乐等作为美国元素，也为英语的国际传播发挥了很大的作用。

此外，英美国家在引导英语教学方面的工作成效显著，也是经过了长时间的蓄势才有的结果。例如，美国于 1966 年就成立了"世界英语教师协会"（Teaching English to Speakers of Other Languages，简称 TESOL），其主要任务是以培训对外英语教师为主，同时开展对外英语教学研究、编写英语教材、开展对外英语教师教学经验交流会议等。50 年间，这一组织已然使美国英语风靡全球，英语语言教学也不再是输出国的事情，而是输入国积极要做的工作。也就是说，英语教学的主体不再是英美，但主导力量仍是英美，这样的对外语言教育教学是非常成功的。比如，在当今中国，英语作为外语教学相当普遍，并且大部分教育教学工作者都是母语为汉语的中国人，其中只有少部分人员来自英美国家，但是英语语言教学研究做得最好的仍是来自英美国家的学者。中国的英语教学在很大程度上也是参照英美国家发布的英语教学水平和标准来进行的。这就形成了英美国家主导的、主要由母语非英语国家承担的英语语言教育教学的格局，其根源已经不是某种语言自身，而是一种文化影响力。

我国正在积极地开展汉语国际教育工作，孔子学院在海外的汉语推广工作也正如火如荼地进行，但汉语国际教育还处于起步与探索阶段，还存在着诸多问题。我们只有在认真分析、深入研究英美国家对外英语教学的成功经验的基础之上，结合汉语实际情况，才能有效地将汉语国际教育工作做深、做实、做到位。

三、汉语国际教育的路径、方式与挑战

汉语国际教育与其他语言的国际教育一样，都要经历不同的发展阶段和发展路径。要使汉语最终成为国际通用语，还有许多工作要做。当然，为实现这一宏伟目标，我们要从现在做起，采用灵活多样、上下协作、行之有效的方式方法，一步一步地向前推进。

（一）从应对之需到主动出击再到主导方向的发展路径

对外汉语教学的第一步是从应对之需到主动出击。应该说中华人民共和国成立后特别是改革开放以来，我们很好地迈出了关键的这一步——汉语国际推广。从应对上百万的来华留学生的汉语教学，满足他们学习汉语、学习中国文化的迫切需要，到现在积极主动走出国门，走向海外，在上百个国家设立几百所对外汉语教学机构的孔子学院和课堂，推广汉语言文化走向世界，这显然是汉语国际教育发展进程上的一次重要转向。它无疑将有助于促进汉语国际传播，在短时间内有效地大幅度提升中国的国际地位和影响力。

然而，需要指出的是，现在还不能说我们的对外汉语教学已经办好、办成功。事实上，我们现在仍普遍使用"对外汉语教学"这一术语，在某种程度上表明我们的汉语国际传播工作尚处在初级阶段。"对外汉语教学"中的"对外"二字说明汉语教学的主体工作是由我们而不是汉语非母语的国家和人民承担的。进一步说，"对外"仍是以我一方向外辐射的思维模式，而"国际"则是一种互相作用、相互影响的思维模式，后者的力量远远大于前者。因此，当务之急是在汉语教学中改变"对外"的传统理念而突出"国际"的特色。

在这一点上，英语国际教育为我们提供了许多成功的范例。在国际上，英语教育教学的主体工作，现在不是落在英美国家而是落在英语非母语的国家和人民身上。这也是英语国际传播的成功所在。当然，主导英语国际教育方向的力量仍在英美，但英语国际教育的主体工作和责任则落在了我们这些非英语国家身上。这充分说明：英语教育已经在许多非英语国家落地生根、枝繁叶茂。不可否认的是，英语教学在我国已经成为一大教育产业。在数千亿的中国教育培训市场中，英语培训市场无疑占据了其中最大的份额。作为中国教育培训市场龙头老大的"新东方教育科技集团"，1993 年 11 月 16 日成立，现已成为年产值近亿元的美国纽约证券交易所的上市公司。反观我们的汉语国际教育机构，不要说赢利，每年还需要国家的大量资金投入。这充分说明我们的汉语国际教育之路任重道远，尚没有"落地生根"，更不要说"枝繁叶茂"了，只能说仅仅处在"撒种播种"的初始阶段而已。"汉语走向世界"与"汉语国际化"，现在也只是我们奋斗的一种远大理想和目标而已。眼下就说"汉语已走向世界""汉语国际化了"，还为时尚早。

判断汉语国际教育成功与否的标准很简单：就是看汉语教育的主体工作或责任是由谁来承担的。如果是我们自己，即从我们角度出发的"对外汉语教学"，而非从学习者所在国的角度说出的、没有"对外"二字的"汉语教学"，那么我们的汉语国际教育还远远没有真正做到位，更没有达到汉语在海外"落地生根"的程度；当不是由我们而是由海外汉语学习者所在的国家和人民来承担时，才能证明汉语确实在国际上得到了广泛传播，并真正在海外"落地生根"。

（二）方式方法

汉语国际教育是汉语国际传播的主渠道，要想做好汉语国际教育，实现汉语言文化在国际上得到广泛传播这一目标，需要我们采取灵活多样、行之有效的方式方法。这其中需要我们处理好微观与宏观、内部与外部、行政与学术、实践与理论、主观与客观、上层与基层、官方与民间等之间的关系问题。事实上，要做好汉语国际传播工作，需要我们各个方面的通力协作，这样才能有效地推动和实现汉语的国际传播。

微观与宏观。一方面，汉语国际教育是在国际环境下所实施的汉语教学，它不仅要在国际环境下做好汉语的教学工作，更需要做好中国文化的传播工作。既要在传播中国文化的同时，做好汉语言的推广工作；也要在推广汉语的同时，做好中国文化的传播工作。语言是基础，是文化的载体，文化需要借助语言这一载体得以推广，为世界各国人民所接受。另一方面，文化的传播也会提升语言在目的地国家的认可度，从而提升语言的地位和影响，促进国际语言教育事业的不断发展。所以，我们不仅要关注和做好具体的汉语教学工作，还要有更远大的目标，知行合一，做好汉语言文化传播这一整篇大文章。

内部与外部。所谓内部与外部，即国内与国外。要促进汉语国际教育的发展，不仅要看国内的决策，也要看国外的意愿。只有双方达成一致，才能保证汉语国际教育道路畅通无阻。孔子学院在世界各地建校亦是如此，要在世界各地兴办孔子学院是国内的决策，条件是其他国家自愿申报该项目。自兴办孔子学院 10 多年以来，海内外孔子学院已达 500 所之多，发展相当迅速，这说明，只有在内外意见相一致、意愿与决策相契合时，汉语国际教育才会实现蓬勃发展。

行政与学术。一方面，汉语现在国际上尚未得到广泛传播的情况下，汉语国际教育事业无疑需要国家政府部门通过行政手段加以推动和落实；另一方面，要想最为有效地实施这一教育计划，就必须采取科学合理、适宜对路的方式方法，而这需要该领域专家学者为我们这方面的教育主管部门拨云见日、指点迷津。显然，在这一方面学术研究与行政工作是紧密相连、相辅相成的。行政主导，学术跟进，双方相互协调、有效互动，是做好汉语国际教育工作必不可少的基础和条件。

主观与客观。主观上，我国为实现汉语言文化的国际传播，在世界范围内实施汉语国际教育这一重要举措，并希望收到良好成效。客观上，虽然我国在汉语国际教育领域大有建树，但问题还是层出不穷，如"中国威胁论"等谣传无疑会对汉语国际教育事业造成干扰，产生负面影响。因而，在总体规划与具体实施过程中兼顾主客观两方面的因素和问题就显得格外重要。

上层与基层。汉语国际教育需要做好顶层设计工作。一方面，在顶层设计过程中，深入了解和体恤汉语国际教育一线工作人员所遇到的具体问题和实际困难，对推动和落实汉语国际教育的目标与任务无疑是非常重要的；另一方面，基层部门也应将遇到的一些实际问题和困难主动及时地反映上去，让顶层设计者了解实情，对各方面的问题和困难了然于怀，从而制订出贴近实际、易于实施的顶层规划。总而言之，只有上下联动，形成合力，才能顺利实现汉语国际教育的规划与目标。

官方与民间：美国英语的成功推行很大程度上是由于官方与民间的共同努力，官方是政策的规划与制定者，决定了推广方向，也对民间机构的英语国际推广行为进行有效的监督。而民间机构则承担了更多的实际性工作。倘若汉语国际教育只在官方层面上决定教育方向，但民间机构却不做任何反应，那么官方只是在做无用功，汉语国际教育便无法顺利进行；相同的道理，如若没有官方的号召，只有民间机构在想方设法实现汉语国际教育，没有一个共同的目标引领，那么汉语国际教育同样无法获得真正的成功。只有官方与民间通力合作，才能做好汉语国际传播这篇大文章。

（三）问题与挑战

汉语国际教育的核心是汉语教学。要搞好汉语教学，首先要做好汉语本身研究。汉语属汉藏语系，与印欧语系的语言大不相同，这给汉语国际教育带来一定的困难。正因为如此，我们的汉语研究需要国际视野，不仅要注意汉语的独有特征，同时也要关注与世界其他语言的共有属性。研究并推出一套外国人易于接受、便于学会的语言形式与法则，这会对成功实施汉语国际教育起到决定性作用。

汉语国际教育要做好汉语教学，更要做好中华文化的传播。中华文化延绵千年，蕴藏着无穷的魅力与活力，是汉语国际教育可资利用的重要资源。需要指出的是：文化传播不仅需要我们在内容上多下苦功，也要在方式方法上有所创新。美国的好莱坞大片、日本的卡通动漫，都潜移默化地起着传播文化的作用。相比之下，我们对外传播文化的方式就显得简单肤浅、刻板单一、缺乏新意。

汉语国际教育现正处在以设立与发展孔子学院为龙头的主动出击阶段。虽然孔子学院开设数量骄人，成效也十分显著，但汉语尚未能在世界各地落地生根、生长开来。若要汉语在异国他乡落地生根、枝繁叶茂，需要汉语教育本土化（亦称本地化），尤其是汉语教师资源需要本土化。但现实是绝大多数汉语教师都是中国政府外派出去的中国教师，本土教师所占比例很小，不足以成为汉语国际教育事业的主角。以孔子学院为例，早期的教师是一些中国留学生或者孔子学院等机构自身聘用的中国公民，人数十分有限，水平良莠不齐，这对汉语教学是相当不利的。对比中国的英语教学，就会发现：国内绝大多数的英语老师是母语为汉语的中国教师，只有极少一部分是外聘的英美籍教师。由此可见：如要做好汉语国际教育，使汉语真正走向世界，就必须让汉语教学在海外生根发芽，让本土教师成为汉语教学的主体力量。汉语国际教育师资力量本土化，无疑是一项长期且艰辛的工作。对此我们不仅要有决心，也要有耐心和恒心，持之以恒、凝神聚力、专心致志地一步一步推动这项工作的落实。

一方面，从对外汉语教学到汉语国际教育，重要的是我们改变了以往"对外"的视角，开始从世界的角度看待我们的汉语教学，这让我们在汉语国际教育上更有大局观，更具国际视野，更有前瞻性。今后的汉语国际教育，更应是走出国门在国际大环境下实施的一种汉语言教育教学。在不同的国际环境下，需要我们的汉语教育教学更多地将目的国的因素考虑进去，有的放矢，从而取得事半功倍的效果。

另一方面，我们也要转变思想、更新观念，适时做出调整，有意识地从现在的汉语国际教育主体地位转向主导地位，使汉语国际教育由现在的"撒种播种"方式转变为一种"落地生根"的结果。当然，要让我们在世界各地播下的汉语"种子"得以落地生根、苗壮成长，需要我们加倍努力维护和创造良好的氛围和环境。

需要指出的是，汉语现在国际上的地位不高、影响不大。汉语走向世界，还有许多的工作要做。但只要方向明确，肯于投入、甘于奉献、勇于探索，我们就一定能够做好汉语国际教育工作，加速汉语言文化的国际传播，为提高我国在国际上的大国地位和影响做出汉语言文化工作者应有的贡献。

第二章　汉语国际教育的改革研究

第一节　"一带一路"汉语国际教育

"一带一路"倡议提出已经六年了，中国和沿线各国在这个伟大的合作建设中都得到了不同程度的共赢发展。"如果把'一带一路'比喻为一辆开往人类美好明天的列车，那么汉语等语言和文化的交往就是列车的润滑剂，它保证着列车顺畅、和谐、高效地运转和前行。汉语的国际传播对于实现丝路沿线国与国之间的畅通交流和文化理解起着必不可少的作用。"可见，"'一带一路'需要汉语铺路。"为此，教育部于 2016 年 7 月 13 日印发的《推进共建"一带一路"教育行动》明确提出："支持更多社会力量助力孔子学院和孔子课堂建设，加强汉语教师和汉语教学志愿者队伍建设，全力满足沿线国家汉语学习需求。"作为培养汉语教师的汉语国际教育专业，在"一带一路"国际合作背景下迎来了新一轮的挑战和机遇。广西作为"一带一路"的门户，在这个国际合作建设过程中，被历史赋予了重大的使命。

一、广西汉语国际教育本科专业发展现存的问题

2018 年，广西开设汉语国际教育专业的本科院校共有 15 所。与开办历史悠久的北京、上海等地相比，广西的汉语国际教育专业起步较晚，但专业发展凸显的问题和全国其他高校有一定的共性，也受地域、发展等制约的局限，突出地表现在课程体系、实践环节和毕业生对口就业等问题上，具体表现如下：

（一）专业课程结构板块统一，但特色不鲜明

目前，汉语国际教育专业的知识结构由语言学、对外汉语教学技能、文学与文化、外语四个板块构成已取得共识，从语言学和汉语言文字学基础知识、对外汉语教学的基本理论和方法、文学与文化素养、汉语和外语写作能力和口头表达能力四个方面培养学生获取汉语教学的能力是教育者共同的目标。笔者考察了广西的 15 所高校，培养方案和课程都按照这四大板块设置，遵循教育部颁发的 2012 年的专业目录要求。"课程设置缺乏地域特点，开设大一统课程，缺乏国别教学的针对性"等情况是广西汉语国际教育课程体系的真实写照。

（二）课程设置缺乏专业整合意识，致使学生能力单一，不能适应新时代汉语教学的需要

广西的汉语国际教育专业在课程设置上紧紧抓住四大板块开设，对毕业生的能力突出描述为"汉语教学能力"，课程对能力的支撑诚然是充分的。但这种单一的能力与目前全球汉语学习者、学习形式的多样化均不符合。专业建设缺乏校内专业整合意识，"关门"办学导致毕业生的能力构成单一，制约了毕业生的出路。

（三）对实践重视不够，实习基地缺乏

"汉语国际教育为培养从事汉语教学和中华文化国际传播人才做出了不可替代的贡献，为促进中外人文交流、推动世界多元文明互学互鉴发挥了积极作用。"近十几年来，由于对外汉语教学在国家发展中发挥了重大作用，汉语国际教育专业的申报一度放开，一些不太具备办学条件的高校也把开办资格拿下了。广西少数高校在专业获批时尚没有留学生进驻，想让学生到真正汉语课堂的见习和教学实习难以落实；由于区内实习基地缺乏，学生又因为家庭条件有限等各种理由不愿到国外实习，一些学校甚至把汉语国际教育的学生统一分派与汉语言文学专业的学生一起到中小学实习，或者采用自行到中小学、企业等分散实习的形式，致使学用脱节。

（四）毕业生从事汉语国际教育对口工作的比例很低

由于学生的专业意识、"走出去"意识不强，缺少职业的规划，选择到海外做志愿者或从事相关工作的人数比例很低。以笔者所在的南宁师范大学为例，2014—2018年学校该专业毕业生考取汉办志愿者等能直接从事对外汉语教学工作的人数分别只占当年毕业人数的15.5%、12.5%、17.8%、12.3%、14.8%。占比不高，但比全国的平均数10%左右略好一些。

以上是广西汉语国际教育专业存在的突出共性问题，但各个学校受专业办学时长、办学实力等因素的影响，还存在具体问题，需要积极探寻有效的措施给予解决。

二、优化培养方案，精心设置课程，加大实践力度

（一）做足培养方案的调查研制功夫

汉语国际教育是跟国家政策关系最密切的专业之一，培养方案必须要在国家政策的指引下与时俱进，适时修订。方案制订前的调查涵盖国内和国外（广西主打的市场为东南亚各国），内容主要是对汉语教师量及质的需求，本着以市场为导向、以对口就业为龙头的出发点去修订培养方案，增强方案的可行性和有效性。对国内的调查应着重走访办学历史悠久、同处边疆地区的高校。广西汉语国际教育专业的人才定位应是坚守服务广西、辐射"一带一路"的东南亚各国的宗旨不变，因此，云南、新疆等边疆地区高校的做法对我们更有启发。对国外的调查可借助政府部门与东南亚沿线各国对接，了解该国汉语学习者的

构成、人数、层次、内容、目的需求，对汉语教师的质量与数量要求等情况，以确保培养方案有的放矢。

（二）整合校内专业课程资源，为学生打造"双技能"，满足发展需求

广西的汉语国际教育专业除了坚守对外汉语教学能力的培养外，应该根据服务需要扩展学生的能力结构。可按照"对外汉语教学技能＋辅助技能"的双技能模式，培养复合型、应用型的人才，以满足东南亚沿线国家不同汉语学习者的需要和为学生能从事一些延伸性工作的需求。

为此，学校应对汉语国际教育专业给予大力的扶持，以学校行为进行校内专业课程资源的整合共享，在大二、大三阶段为汉语国际教育专业学生提供教育、文化产业、旅游管理、经贸、新闻传播、金融学等专业的精选课程选修，并纳入汉语国际教育专业的课程体系中，学生可根据爱好自行选修。另外，汉语国际教育专业的老师要对学生申明汉语教师"双技能"的必要性和紧迫性，促使一些有条件的学生辅修有利于就业的第二专业。通过选修课程或者辅修专业的办法，使学生在汉语教学中能顺利地嵌入贸易、旅游、金融、会计、高铁等相关的专业，拓宽学生知识面；"双技能"在身，哪怕不能考取汉办志愿者，还可以把握与"双技能"有关联的一些非教学岗位的海外就业机会，让学生走得出去并有能力留下来。增设其他专业的课程作为选修课程后，势必会出现学分超出计划的情况，这时需要对一些长期躺在体系里的只列不开的"僵尸"选修课程进行删除，使学分用在关键处，使课程结构跟上时代节拍。

（三）第二外语教学要贴近专业实际需要

从广西的区位来看，"对外汉语教学"主要是"对东盟汉语教学"，故第二外语即东盟小语种课程的开设应该得到足够的重视。笔者调查了广西有关高校开设东盟小语种的情况：开设时间是三或四个学期，课时量在140以内，基本采取全程进阶式的学习方式；第二外语教学效果不理想，一些学生在汉办志愿者面试阶段不能使用东盟小语种辅助教学。进阶式的学习方式对外语专业来说可能效果明显，但对汉语国际教育专业来说不太实用，学生更需要针对性地掌握二外在汉语教学中的日常使用，使第二外语在必要的时候很好地帮助组织汉语教学。所以，第二外语课程教学要贴近专业实际需要。应该改变原来全程进阶式的学习方式，在前半阶段使用进阶式的教材及学习方式，在后半阶段以第二外语的听说读写分项技能的训练为主，特别结合汉语教学专门用途的听说读写技能训练，真正为学生的对外汉语教学和海外就业时提供媒介语的有力支持。另外，为扩大学生实习和就业领域，各高校还可以根据自身条件逐步增设东盟的语种供学生选修。

（四）加强实践环节，积极拓展实践平台

目前的就业形势要求毕业生能够快速进入国际汉语教师的角色，特别是赴海外任教的汉语教师。毕业生要想迅速进入角色，唯有在校期间多磨炼多实践，除了实践别无他法。一方面，在保证实践课程的基础上，非实践课要提高实践在课程中的占比，多渠道、多

场合给学生提供实践锻炼的机会；另一方面，要好好地利用留学生的资源。我们应该把实践的环节从大一就开始实施，让学生从大一就走进留学生课堂观摩，提高他们对专业的认识和对国际汉语教师工作的了解，为将来教学技能课程的学习打下一定的基础。到大二、大三期间，让学生结合教学法、对外汉语教育学及心理学等课程的学习去听课见习，有针对性地带着课程问题去观察课堂、印证理论，积累一些感性的经验。另外，对外汉语教学课堂可以通过小组学习、案例分析、现场研究、模拟训练等方法，通过广泛接触不同类型的案例，来提高学生的教学技能和国外教学适应能力。在大四实习阶段，一定要保证学生有足够课时量的汉语真实课堂教学实践。学生成长最重要的阶段就在实习环节，实习是学生的第一次质的飞跃。教师至少要为学生争取每人八节的教学任务，并且由校外校内指导老师共同跟进指导，确保实习效果。所以，实习阶段的监管、质量跟踪是不可缺少的。

实践平台的缺乏是目前广西高校汉语国际教育专业发展中共存的难题。广西 15 所高校现在都招收了留学生，但为了让学生接触到更多的汉语教师及教学风格，不提倡就地在本校实习的做法。可用互为实习基地的办法解决实习平台的问题，也可以与留学生较多的广西医科大、广西中医药大学、右江民族医学院、广西农业职业技术学院等本科高职学校建立实习平台，对学生进行联合培养。当然，最好的办法就是开拓海外实习基地。抢占东盟国家作为实习平台是传统的做法，泰国的经济、交通、旅游都比较发达，成了广西高校集中实习的地方，但这种过度密集的接收实习生在一定程度上影响了实习的质量，因此，应拓展更多的东盟国家作为专业的实习基地。

三、提高毕业生对口就业的建议

毕业生对口从事对外汉语教学比例低是目前这个专业存在的严重问题，有几个原因：一是国家汉办提供的志愿者职位有限，导致考取困难；二是本科学历不能达到高校汉语教师的准入要求；三是广西目前没有国际学校，毕业生想在区内从事汉语教学的机会有限；四是学生缺乏职业规划，缺乏国际视野，不愿意到国外任教。

要提高毕业生对口就业率，可以从以下几方面入手：

（一）加强专业教育，提高学生对专业的认识

从学生入学起即对学生进行专业人才培养方案的学习和进行职业规划的指导，并应贯穿至四年学习生涯中。让学生自觉地规划自己的出路。要改变过去只在开学时进行专业教育专业导论，之后就放任的做法。要在不同阶段进行专业教育，使学生明了就业的出路，做到心中有数，避免到大四才开始焦虑。要教育学生为传播汉语做贡献，为国家的发展建设做贡献。

（二）将发动辅导学生报考汉办志愿者、对口考研落到实处

汉办志愿者是汉语国际教育专业学生的一个对口的就业岗位，对汉语国际教育专业的毕业生来说，竞争还是非常激烈的，但并不意味着没有可能。我们在扎实进行专业教育的

同时，大三阶段要积极发动学生报考汉办志愿者，并且进行有计划的辅导，使学生能在教师的引导帮助下提高应考能力和专业能力。考研动员可在大二结束前进行，对考研的学生给予时间更长、形式更多样的帮助：从教师分专题辅导、教师学生一对几的对口辅导到后勤保障——专门的考研教室、专门的考研宿舍（笔者所在学校甚至给冲刺阶段的考研学生提供免费营养早餐）再到考研学生的心理疏导等，全方位地为学生提供考研的周到服务。鼓励学生报考汉办志愿者、考研，争取学以致用和专业的继续提高。

（三）培养学生具备与汉语教学延伸有关的辅助工作能力

随着全球汉语学习人数的增加和学习群体的丰富，网络学习是日益受到欢迎的形式，所以，从事与汉语教学有关的辅助工作也是提高毕业生对口就业的一条出路。在校期间可指导学生申报大学生创新项目、"互联网+"项目，鼓励学生积极进行网络汉语学习各种平台的开发和研究，积累一些经验，毕业后可到一些汉语学习平台、汉外翻译平台从事开发管理工作。

（四）挖掘汉语教学培训机构，广开对口就业门路

广西毗邻东盟，各市均有一些东南亚企业进驻，对外方人员的汉语培训也是一个可以让毕业生就业的去处，我们要广开渠道，像寻找实习基地那样去为学生寻找这些去处。

汉语国际教育在30多年的发展历史中虽取得了一定成绩，但由于专业特殊，可供学习的经验不多。从2010年起，由北京语言大学、北京外国语大学、华东师范大学、上海外国语大学四所学校联合举办了每三年一届的"全国高校汉语国际教育专业研讨会"，至今已举办三届。可喜的是，广西高校也意识到了合作的重要性并已付诸行动。2018年4月，由广西民族大学率先牵头召集并召开了"广西高校汉语国际教育学科与专业建设研讨会"，打破了过去"各自为政"、互不往来的局面；2018年9月，广西师范学院（现更名为"南宁师范大学"）举办了"全国'一带一路'背景下的汉语国际传播学术研讨会"；2018年12月，北部湾大学举办了"北部湾城市群高校汉语国际教育专业综合改革国际研讨会"。我们期待在这个良好的开端后，广西高校能结成高校联盟共商面临的问题，探讨立足于"一带一路"、立足于广西汉语国际教育专业发展改革及人才培养的优化途径，更好地为广西和国家的发展服务。

第二节　非遗在汉语国际教育中的意义

非物质文化遗产作为一种"活态"存在，承载着中华民族自远古以来形成和传承的民族精神基因，包含中华民族的生活方式、审美情趣、道德观念、情感寄托与价值追求，是中华民族文化的最为生动、最为鲜活的表达。在汉语国际教育领域引入"非遗"资源，可最大限度地提升"非遗"的传承与传播，对实现国家语言文化战略意义重大。在汉语国际

教育领域，"非遗"传承传播实现的路径在于解决好"非遗"进教材、进课堂、进头脑问题。

党的十八届三中全会明确提出"完善中华优秀传统文化教育"（《中共中央关于全面深化改革若干重大问题的决定》），对中华传统文化在国民教育体系中的地位和作用作出了符合时代发展需要的战略性指示。为贯彻中央文件精神，加强新形势下中华优秀传统文化教育，教育部出台了《完善中华优秀传统文化教育指导纲要》（以下简称《纲要》），进一步明确了分学段有序推进中华优秀传统文化教育的基本内容、教育重点和推进举措。中华民族拥有5000多年不间断发展传承的悠久文明，外延博大、内涵精深，"是中华民族语言习惯、文化传统、思想观念、情感认同的集中体现，凝聚着中华民族普遍认同和广泛接受的道德规范、思想品格和价值取向"（《纲要》），凝结着能够被传承的中华民族的历史地理、风土人情、传统习俗、生活方式、文学艺术、行为规范、思维方式、思想政治、价值观念等。我国主流传统文化的研究成果丰硕，关于其进教材、进课堂、进头脑（以下简称"三进"）的问题，在各阶段国民教育中正在受到越来越多的关注，相关举措也在陆续推进中。但是作为中华传统文化的重要组成部分，非物质文化遗产的境遇还不容乐观，在面向中外学生的汉语国际教育领域，还未真正从战略意义的角度考虑其重要性与实现路径。如何在汉语国际教育中做好非物质文化遗产的"三进"工作，不但关系着中华优秀传统文化的传承和传播问题，更关系着国际知华友华人士的培养问题，具有重要的战略和时代意义。

一、"非遗"在汉语国际教育中的战略意义

非物质文化遗产，简称"非遗"，是"指被各社区、群体，有时是个人，视为其文化遗产组成部分的各种社会实践、观念表述、表现方式、知识、技能以及与之相关的工具、实物、手工艺品和文化场所"。一方面，我国丰厚的非物质文化遗产是汉语国际教育的重要资源；另一方面，汉语国际教育又是实现非物质文化遗产传承传播的有效路径，在汉语国际教育领域融入"非遗"文化，具有无可替代的战略意义。

（一）汉语国际教育可最大限度利用丰厚的"非遗"资源

我国是世界上"非遗"文化最为丰富的国家。改革开放以前，受"五四"运动以来科学主义主流思潮的影响和"文革"时期席卷全国的"破四旧"运动的冲击，我国对"非遗"的内涵理解和意义认同经历了很长时间的低谷时期，或视其为文化古董肆意打砸，或视其为封建迷信无情破坏。21世纪以来，随着国际社会普遍对"非遗"价值认同的转变，我国政府也开始逐渐加大"非遗"资源的挖掘保护和传承传播。

为使我国的"非遗"保护工作规范化，国务院于2005年颁发了《关于加强文化遗产保护的通知》，并制定"国家＋省＋市＋县"四级"非遗"保护体系，要求各地方和各有关部门贯彻"保护为主、抢救第一、合理利用、传承发展"的工作方针，切实做好"非遗"的保护管理和合理利用工作。与此同时，国务院分别于2006年、2008年和2011年、2014年先后批准命名了四批国家级非物质文化遗产名录。目前我国拥有包括中医、京剧、珠算、

古琴等在内的人类非物质文化遗产 39 个，国家级"非遗"项目 1396 个，涵盖了传统口头文学以及作为其载体的语言，传统美术、书法、音乐、舞蹈、戏剧、曲艺和杂技，传统技艺、医药和历法，传统礼仪、节庆等民俗，传统体育和游艺，其他非物质文化遗产六大类，形态异彩纷呈。如此丰厚的非物质文化遗产，根植于民间，融汇于普通民众的日常生活中，"代表着民众的生活、情感、艺术、知识和信仰，也代表着民族的本真精神"，承载着中华民族从远古以来形成和传承的民族精神基因，包含着中华民族的生活方式、审美情趣、道德观念、情感寄托与价值追求，是民族文化的最为生动、最为鲜活的表达。

汉语国际教育，就其表面看似乎是单纯的汉语言技能训练课，其实，语言学习与文化的传承传播密不可分。与主流思想政治文化和价值观念等相比，非物质文化遗产资源的情感性、趣味性、生动性和体验性更为突出，特别适合国际学生了解和体验中国传统文化，比如，京剧艺术、剪纸艺术、书画艺术和中国功夫等，一直以来都广受外国友人的青睐和喜爱。地方性非物质文化资源更是一个地方的文化名片，对国际学生具有天然的吸引力，在汉语国际教育中融入地方性"非遗"资源，也能促进外国人士了解中华传统文化的丰富性和多元性。目前多数高校为留学生开设了《中华才艺》课，讲授和学习中华戏曲、书法、剪纸等非物质文化遗产。凡此，正可成为汉语国际教育的重要素材，对丰富汉语国际教育内容，促进汉语国际教育水平，提升汉语国际教育影响力，实现国家语言文化战略意义非凡。

（二）汉语国际教育可最大程度实现"非遗"的传承与传播

汉语国际教育牵涉的范围其实很广泛，其对象实际包括两类群体，一类是世界范围内的中华儿女，一类是所有的外国人士。我国在各国设立的孔子学院和孔子课堂，是在境外实现中国语言文化传承传播的战略选择和有效途径，在中华文化的浸润和濡染中发挥着重要的作用。在国内，大学的汉语国际教育是推进语言文化战略的主要途径。

"非遗"最大的特点是熔铸于一定民族特殊的生活和生产中，是民族性格与审美习惯的"活态"存在，它依托于人本身而存在，更依托于人本身而传承传播。大学生是一个国家、一个民族中最具影响力和表达力的亚文化群体，在大学生群体中推动"非遗"研究和保护、传承和传播是极具现实性的战略选择，同时也是实现国家语言战略的必由之路。非物质文化遗产因其趣味性、鲜活性、生动性以及所蕴含的独特的中华传统文化元素等广受国际学生的欢迎，他们可以在更大范围内传播中华非物质文化遗产及文化。

对于主修汉语国际教育专业的中国学生而言，"非遗"文化的传承传播是使命，也是职责。让中国学生学习和掌握我国丰富灿烂的"非遗"资源，理解和认同"非遗"中所蕴含的民族精神和文化底蕴，更加能够提升学生的民族文化自信心和自豪感，促发汉语国际教育专业学生产生炽热的民族文化内需力，从而成为持久的中华传统文化的传承与传播主体。在留学生汉语国际教育中贯穿"非遗"理念，通过汉语言文化课堂和汉语言文化实践活动，介绍我国的民间艺术，讲述我国的民间故事，让他们体验我国的民间工艺美术等，让自然山川地理与独特的人文神韵紧密结合，让抽象的文化精神与生动的参与体验有机融合，会给国际学生留下深刻且持久的文化记忆，加深国际学生对中华民族文化的丰富性、多样性的理解。传播是一个动态的循序渐进的过程，人们对于某种事物（观念或意识）的接受和持续选择要经历视听觉上的注意、真正内心的注意、信任、接受、选择、体验和再选择这样一个循环往复的过程，在这一过程中，受众对受体的认识和体会就会不断深化，进而熔铸成观念的东西掌握受众。汉语国际教育领域的"非遗"教育，正可以借助传播活动的动态性不断深化，实现对国际学生的持久影响，进而将其从文化的了解体验者转化为传承者和传播者。

二、"非遗"国际传承与传播的实现路径

适应中央关于"完善中华优秀传统文化教育"的发展战略，从国家语言文化战略层面考虑"完善中华优秀传统文化教育"的适宜路径，是实现包括"非遗"在内的中华传统文化传承传播的紧迫问题。就我国现阶段而言，多维度、宽领域的文化浸润是实现中华文化国际传承传播的有效路径，把"非遗"资源融汇于汉语国际教育的各个环节，落实好"非遗""三进"工作，在课程建设、教材编写、课堂教学和文化体验等方面都有着广泛的应用空间。

（一）"非遗"进教材

"非遗"进教材，就是要将非物质文化遗产作为汉语国际教育的资源加以充分反映和体现。一是要凸现"非遗"在汉语国际教育教材中的主体性，解决边缘化问题。目前，我国汉语国际教育重语言轻文化的现象比较突出，根据对我国 30 余所高校汉语国际教育专业培养方案的调查显示，文化课的比重仅占整个课程的 20% 左右，"非遗"特别是地方性"非遗"的比重更小。在汉语国际教育的教材中，将《中华文化与传播》《中华文化才艺与展示》等写入"非遗"内容是十分必要的。当然，还要鼓励高校自编教材，充分挖掘地域文化资源，盘活省、市、县三级"非遗"资源，以促进"非遗"在汉语国际教育中的有效利用。二是要强调"非遗"在汉语国际教育教材中的系统性，解决碎片化问题。教材编写要讲求文化知识的系统性，对于任何一种"非遗"而言，不但要写清楚是什么，而且要写清楚为什么和怎么样，同时还要写清楚历史发展脉络。以镇江市国家级民间传说类"非遗"项目"白蛇传传说"为例，它不仅是劳动人民的集体创造，更吸引了不同时代的杰出文人参与改编，从而产生了诸如戏曲本、话本、拟话本、小说等文学样式，也有当代电影、电视等丰富的存在形态，这些不同的艺术形态所讲述的人蛇之恋故事，表达着不同时代生活于社会底层的普通民众的婚恋观念、审美诉求与精神品质。只有将"白蛇传传说"故事情节在不同时代的发展演变以及不同艺术形式体现的主题意蕴讲清楚，才能充分地反映和表现其传承和传播价值。三是要提升"非遗"在汉语国际教育教材中的趣味性，解决抽象化问题。"非遗"是文化中最为生动形象的"活态"存在，写进教材的非物质文化遗产也应该充分调动其本身的多形态存在，以丰富多样的形式提升其传承传播的趣味性，进而增加其吸引力。"白

蛇传传说"在教材中的体现方式就很典型，除了文字叙述，还可以辅以剧照、木版画、铁艺以及声像资料，如电影、皮影戏以及镇江市开发的金山寺白蛇传大型水幕表演等，其传承传播的效应会大大提升。

（二）"非遗"进课堂

"非遗"进课堂，就是要将非物质文化遗产作为汉语国际教育的内容进行广泛介绍和传播。汉语国际教育的本质是让中外学生了解和掌握汉语言文化知识，加深对汉语言文化的理解和认同，其课堂是一个集合概念，主要包括课堂教学、专题讲座、语言实践、文化体验和直接参与等多种形式。一是在课堂教学中讲清"非遗"故事。如前所述，任何一种非物质文化遗产，都有其传承发展的历史脉络和精神内涵，讲清"非遗"故事是学生了解、掌握、理解和认同的基础。二是在语言实践中参观"非遗"实态。非物质文化遗产的存在形式多样，物化形态是一种主要存在形式。因此，走出教室，走到非物质文化遗产中，让中外学生亲手摸摸、亲耳听听、亲眼看看、亲自闻闻，更能调动多种感官去感受和体验"非遗"文化的独特美，加深对"非遗"的认识和理解。三是在主题活动中参与"非遗"体验。为中外学生创设"非遗"体验环境，让学生亲自参与到非物质文化遗产的创造和复制活动中，更能激发中外学生的学习热情。如以中国传统书法艺术教学为例，可以以图文并茂的形式向留学生讲授中国汉字的发展历程，从圆圈中的一点儿到"日"的发展，再会意出"旦"字，从绘画文字到象形文字到会意文字再到形神字，汉字文化知识脉络清晰，汉字文化故事生动形象，引人入胜；然后通过精心准备的中国文房四宝，让学生亲自动笔进行书法实践。融知识讲解、观摩体验于一体的教学活动能极大地调动国际学生的积极性，将看起来死的书法艺术活灵活现，授课效果一定会非常好。

（三）"非遗"进头脑

"非遗"进头脑，就是要让非物质文化遗产所包含的知识和所体现精神掌握传承和传播主客体。"进头脑"是一个缓慢的过程，通过文化浸润，包含着民族文化精神的"非遗"知识成为中外学生知识结构和文化记忆的一部分，随着体悟的深入，更会成为积淀于学生思想中的无意识存在。一是"非遗"知识和精神掌握传承和传播主体，即要求汉语国际教师首先要熟悉和掌握中华民族优秀的"非遗"文化，理解和领悟"非遗"所蕴含的民族精神、所寄予的民族情感。国家汉办/孔子学院总部制定的《国际汉语教师标准》对教师了解中国传统文化基本知识、阐释和传播中华传统文化的能力有专门要求。作为汉语国际教育教师，包括"非遗"在内的中华文化知识及其阐释和传播能力应是教师最为重要的看家本领。二是"非遗"知识和精神掌握传承和传播客体。汉语国际教育的实质是提升汉语言文化在国际社会的影响力和认同度，培养知华友华人士，"非遗"因为表达和显现形式具有亲和力和情感性而具有独特的优势，能够最大限度地得到国际学生对中华文化的真正喜欢和热爱，使其成为传承和传播中华文化潜在资源或现实力量。

党和国家充分认识到传承和弘扬中华民族优秀传统文化的重要性，习近平主席曾在多个场合、多次讲话中反复强调,"中华优秀传统文化是中华民族的突出优势,中华民族伟大复兴需要以中华文化发展繁荣为条件,必须结合新的时代条件传承和弘扬中华优秀传统文化"。非物质文化遗产因其"活态"存在的特殊性,成为传统文化中最为脆弱的一部分,客观上需要加大力度去保护、去研究、去传承和传播;同时也是由于非物质文化遗产的"活态"存在,使其成为传统文化中最为鲜活、最为生动的一部分,客观上增强了人们了解、掌握、理解和认同的亲和力和吸引力,更加适合作为汉语国际教育的素材。高校汉语国际教育应充分解决好"非遗""三进"问题,为推动中华传统文化的传承和传播、为实现国家语言文化战略做出贡献。

第三节　"互联网+"背景下汉语国际教育

随着中国的国际地位不断提高,全球掀起了一股汉语热,越来越多的外国学生开始学习汉语。"互联网+汉语国际教育"是一种新型的汉语教学模式,"互联网+"给汉语的传播带来了一条新途径,在"互联网+"的背景下,汉语在各国的发展更加迅速。与此同时,依附在互联网上的汉语教学也存在一些问题,对此,还需要积极探索应对措施。

李克强总理提出的"互联网+"行动计划,正引导着互联网企业拓展国际市场,互联网时代为整个教育也带来了巨大的机遇。"互联网+教育"脱离了传统的教学模式在时间和空间上的限制,为我国的教育改革提供了新的发展契机,而当下汉语国际教育的蓬勃发展也离不开"互联网+"这一大背景。汉语国际教育作为中国教育领域的一部分,紧跟时代的步伐,开启在线汉语教育的新篇章。"互联网+"给汉语教学的发展带来了机遇,同时,在这一背景下,汉语教学也面临着巨大的挑战。

一、线上汉语教学的发展优势

随着中国国际地位的不断提升,全世界学习汉语以及了解中国文化的需求不断上升,汉语国际教育具有巨大的潜力。近年来,"网络孔子学院""网络北语"等现代远程教育不断发展,为汉语国际教育事业的发展开辟了"线上教育"的新途径,满足了不同学生群体对汉语学习的多样化需求,也有效地弥补了海外汉语教师短缺的现状,为在世界范围内有志于学汉语的教师与学生提供了一个广阔的学习平台。目前,从国际化与"互联网+"的大背景来看,汉语国际教育面临着很好的发展机遇,具有一定的优势。

(一)线上汉语教学能有效地提高教学效率

课堂的每一环节都需要有人来参与,教师与他的教学对象——学生,有着直接的关系。在课堂中,教师地位的改变,在一定程度上促进了课程实施的进展,调动了学生的主动性与积极性。众所周知,在传统的课堂中,都是以教师为中心,以教师作为课堂的主角,在课堂上，教师一般采用灌输式的授课方法，而学习一门语言，除了要学习一定的发音方法和技巧外，最重要的还是要学生多加练习，对外汉语教学应倡导"以学生为中心，以教师为主导"的教学宗旨。所以，在对外汉语的教学课堂中应该以学生为主角，而线上汉语教育正好符合这一宗旨，教师不再是课堂的主角，而是作为辅助者的身份出现，为学生提供服务。

汉语教师可以利用互联网的优势，录制与汉语教学相关的视频，如汉语语音教学、词汇教学、汉字教学等，把这些视频放到网上，以便更多汉语学习者可以学习汉语。还有一些教师把不同的课程内容和知识点巧妙地运用到互联网技术中，在互联网技术的辅助下向汉语学习者传授汉语的相关知识，在这一过程中，学生的自主能力与创新能力也能在无形中得到增强。此外，汉语教师可以通过网络，给学生留下一些语音、听力等作业，让学生做课后练习，在做完练习提交后，汉语教师在网上可以为学生批改作业，在批改作业的过程中找出学生存在的问题，对这些问题，教师可以在下次课堂中进行详细讲解。

"互联网+"背景下的汉语国际教育，有效地降低了学生对教师的依赖性。在"互联网+"的背景下，线上教师充当的是辅助作用，学习更多地是靠汉语学习者的自觉性，所以，线上汉语教学在一定程度上提高了汉语学习者的自主学习性和学习的积极性。

（二）线上汉语教学灵活性更强

传统的汉语教学大多是在同一时空下面对面的教学模式，随着现代技术的发展，网络时代的到来，汉语教学不再局限于同一时空，在"互联网+"背景下的汉语国际教育是一种线上的教学活动，它以现代媒体为中介，打破了传统汉语面对面教学对时间和空间的限制性要求，汉语教学活动的完成不一定非要在同一时空下进行，教师的教学活动可以不受时空的限制，学生的学习也可以不受时空的限制，从而使得汉语学习更具灵活性和针对性。在这一背景下，即使汉语学习者身处自己的国家，并非处于目的语环境中，通过线上教育，他依然可以获得中国教师的教学和指导。

随着互联网技术的发展，越来越多的网络教学资源平台和移动终端不断出现，汉语学习者可以在手机中下载汉语学习的 APP，随时随地学习汉语，更有一些网络平台通过对汉语学习者的学习特征进行总结，制定出符合他们发展需要的教学 APP。还有某些网络平台为汉语学习者提供了面对面辅导教学的服务，就是"一个中国汉语教师辅导一个外国汉语学习者"，以便于外国人更好地学习汉语。

虽然这些网络平台还存在着许多待解决的问题，但随着"互联网+"的不断发展，这些汉语教学平台的不断完善，移动学习会越来越便捷化，可以为汉语学习者提供越来越好的服务，使线上汉语教学，取得教育实效。

（三）线上汉语教学能给学生提供更多的学习资源和资料

在"互联网+"这个大数据时代，教育过程不再被定格，而是转化为数据形式保存下来，教育过程中教师的教学行为和教学过程以及学习者的学习过程和学习行为都会被保存下来，这就使得网上存在各种各样的教学资料和学习资源，相关的汉语教学资料也是应有尽有，丰富的学习资源为汉语学习者提供了丰富的选择，在海量的资源中，学习者总会找到适合自己的教学方法。例如，同样是词汇教学，不同的汉语教师采用不同的教学方法。有的教师采用直观法，有的教师采用定义法，而有的教师采用对比法，有的教师同时采用多种教学方法等。

此外，在数据化时代，汉语教师可以利用计算机网络特有的数据库管理和双向交互功能，让系统根据每个学生的资料、学习过程和阶段情况等来对学生进行跟踪记录，同时根据不同的学生提供不同的学习计划和建议，提供给他们不同类型的汉语学习方法，更有利于学生的发展。例如，根据学生的国别差异、年龄差异、现有汉语水平的差异等，针对不同种类的学生提出不同的学习汉语的建议，提供不同的教学方法。

二、线上汉语教学目前存在的问题

"互联网＋"是一把双刃剑，它在给汉语国际教育带来发展机遇的同时，也存在着许多挑战，目前，在线汉语学习还存在着许多尚待解决的问题。

（一）以学生为中心，挑战汉语教师的授课水平

线上教育改变了传统的以教师为课堂主角的课堂教学模式，线上教育更多的是以学生为中心，这对汉语教师来说是一个巨大的挑战。汉语作为世界上最古老的语言，也是公认的最难学的语言之一。它分为语音教学、词汇教学和语法教学等，环环相扣。语音教学是汉语教学的第一步，在语音教学中，主要包括汉语的声母、韵母和声调教学。由于很多语言中缺乏声调，汉语拼音中的声调对于很多外国学生来说是难点，即使是在同一时空下，要让学生学会辨认汉语的声母和韵母，学会正确发音，都不是一件容易的事，更不用说是线上的汉语教学了。线上的汉语教学因为不像传统的教学那样，它是隔着时空的教学，教师与学生不是处在同一空间内，这就存在教师无法更直观地给学生展示汉语发音的问题，不仅如此，线上的汉语教学使得汉语教师无法及时地去纠正学生的错误。以汉语教学的语音教学为例：在教汉语学生学习汉语拼音中"ü"的发音时，教师可以采用带音法，即用"i"的音带出"ü"的音，对于外国学生来说，他们比较容易发出"i"的音，而通常无法发出"ü"的音，因为"i"和"ü"在发音时，舌位大致处于同一个位置，它们的区别是圆唇与否，所以，在教外国学生发这两个音时，我们可以先教他们发"i"的音，再告诉其舌位保持不动，只需把嘴唇翘起，发出"ü"的音，此时，应该重点让学生看教师发音，注意教师的唇型。线上的语音教学是困难的，因为线上的教学本身就缺乏一定的真实性和互动性，很多时候，学生遇到问题不可以和教师面对面沟通，而且也会出现授课教师与答疑教师不是同一个教师的问题，这会让学生产生一种距离感，从而产生学不下去的想法，教师也无法直接地指导学生发音，当然，一个专业的汉语教师必然是一个终身学习的教师，也会是一个善于借助各种平台促进自己不断提升的教师。线上教育

平台需要不断地完善，汉语教师也需不断地加强自己的能力，以便更好地抓住"互联网+"这个机遇，利用各种网络资源教学平台，各种移动终端来提高学习效率，使汉语传播到世界各地。

（二）知识服务无法满足个性化需求，缺乏针对性

学习是极其个性化的，由于缺乏优质内容和技术支持，无法满足个性化需求，而对于汉语学习者来说，他们的学习更加具有个性化。由于汉语学习者都是来自世界的各个地方，各具特色，他们有着国别、年龄、现有汉语水平、身份与文化程度的差异等，因为各自母语特点的不同，不同学习者在学习汉语的过程中会有不同的难点。在进行汉语语音教学时，以越南学生与泰国学生出现的声调偏误为例：①泰国学生在学习汉语语音时最主要的偏误是在学习声母和韵母时，比如说，在学习汉语舌尖后音"zh、ch、sh、r"和舌面前音"j、q、x"时，常把这些音发成舌尖前音"z、c、s"；再如他们常把"r"发成"l"或"y[i]"等。②越南学生在学习汉语拼音时的偏误是：在越南语中有六种声调，分别为平声（33）、锐声（35）、问声（323）、重声（31）、玄声（32）、跌声（3425），而汉语拼音有四种调类：阴平（55）、阳平（35）、上声（214）、去声（51），虽然在越南的母语中本身就有声调的变化，但是要学会汉语的正确发音也是很难的。越南学生在发汉语的阴平调时，调值往往会偏低，在发汉语的上声调时，易发为他们本国的问声（323）调，他们也容易犯把阴平调发成去声调的偏误。总地来说，每个国家的母语都存在着或多或少的区别，他们都有自己的发音习惯，而要改善各个母语背景下不同的国家的汉语学习者的汉语发音，需要汉语教师总结出他们的发音特点和发音难点，对他们进行针对性的训练，整理出适合不同母语背景的汉语学习者的资料和视频。因为线上教学存在一定的复杂性，所以要做到分类教学还是有一定难度的。

（三）网上信息繁多，难以抉择

首先，互联网上有着丰富的学习资料和各种学习资源，这给汉语学习者提供了多种选择，但是对于不熟悉汉语背景和汉语水平不高的学习者来说，过多的学习资源，反而会让他们感到烦恼，面对这么多的信息时，他们不知道该如何做取舍，他们很难找到适合自己的学习方法。比如，对于初学者来说，他们应该从学会正确的发音和拼读开始，但往往一些学习者因为急于求成，会找一些所谓速成的资料进行学习，不按照常规的学习过程进行学习，最终的学习效果必将大打折扣。

其次，对于同一个知识点，不同的教师可能有不同的教法和不同的见解，网上各种各样的学习资料都有，在海量的信息数据和知识前，学习者面对的知识复杂度加深，可用的资源虽然丰富，但也鱼龙混杂。

三、应对线上汉语教学问题的策略

（一）提高教师教学技能和授课水平

汉语国际教育是一门学科，其中包含的对外汉语教学则是一门科学，对教师的要求也非常严格。教师的授课对象多样化，可能是外国学生，也可能是本国学生，所以，其面临的挑战比教授一个说本国语言的学生要难得多。教师在教学过程中要研究本体，即授课内容，教什么是外国学生最受用的；要探索方法，即授课过程中应该使用哪些必要的方法，运用何种工具和手段能让外国学生更容易接受的，提升他们的兴趣和学习动力；另外，还要提升学生学习汉语的认知能力，即怎么去学好汉语。教师还要有敏锐的洞察力、感知力、反应力，在最短的时间内察觉学生的难点，并提供有效帮助。

在"互联网＋"这样的一个大环境下，对外汉语教师除了要具备扎实的专业基础，还应该具备以下素质和技能：

第一，要具备一定的多媒体运用技能，有运用现代化教育技术手段的意识。"互联网＋"依靠的媒介是互联网，其物质载体是电脑、手机等数码产品，其具体途径是远程教育。这样就需要教师自己做到意识的更新，摒弃对传统课堂的依赖，具备一定的使用高科技数码产品的技能，引导学生适应远程教育，并运用现代化教育手段对学生提出的问题进行生动形象的答疑。第二，教师有责任了解整个"互联网＋"远程教育的教学服务体系，同时也同样有义务帮助学生熟悉整个教学体系。另外，"互联网＋"远程教育一样也需要有课后任务，并不是简单地看看视频、提出问题、解决问题，教师要定时提醒和督促学生的学习进度，布置一定的学习任务，做一个监督者，督促他们按时按量按质去完成；教师也是一个服务者，耐心协助他们一起处理遇到的困难。第三，对外汉语教学的对象来自全世界各地，每个国家的学生都会有自己学习过程中的难点，所以，对外汉语教师要总结各个国家的不同难点，并将这些资料汇集成一个数据库，做成大数据的形式加以对比分析，为有效解决这些问题提供数据参考。

（二）学生要根据个人特点制订个性化学习方案

学生是知识传授的主要对象，是教学过程中的重要环节，因此，学生在学习过程中应该充分地发挥自己的主观能动性，结合自身特点，利用"互联网＋汉语国际教育"这一学习途径，促进自身汉语学习。每一个学生的国别不同，性格不同，接受知识能力不同，学习要求和学习欲望也不一样，这样对教师的要求也不尽相同，而制订个性化的学习方案就是针对这些问题对症下药。这有利于节约教师的教学时间，能利用学生的各项需求以及对学生的各种天赋及时有效地进行挖掘，让学生端正学习态度，了解学习目标，有一个适合自己的学习规划。

学生在制订个性化学习方案时，还应综合考虑他们的身份和文化程度。学习汉语的外国留学生，不仅可以是在校学生，还可以是已工作人士、已婚人士、社会人士等。通过对学习者身份的了解，也可以大致了解到他们学习的目的以及动机，从而进一步制订可以帮助他们增强学习欲望和激情的方法。一般来说，有比较明确的学习目标、有比较切实的学习动力的，比如，一些人希望学习了汉语之后回本国做翻译工作，类似这样的学习者能够将学习动力和学习目标化作学习的驱动力，他们的学习自主性和积极性就比较强；反之则不然，如果一个学习者是被父母逼迫来到中国学习汉语或只是学着玩玩，那么他们的学习积极性和自主性就不高。学习汉语的留学生，文化水平不等，有小学、初中、高中的学习者，有来中国读大学本科、研究生或是博士的学习者，同样也有已经毕业参加工作的学习者等。通过对学习者文化程度的了解，可以大致知道他们的汉语能力基础，和对汉语文化的接受能力，以便判断教材内容对他们是否合适，并做出及时的修改和制订适合他们的学习方案。

（三）针对鱼龙混杂的互联网资源选择的原则

学生要有主见，懂得自己的需求是什么。互联网上有着丰富的学习资料和各种学习资源，这给汉语学习者提供了多种选择，在海量的信息数据和知识中，可用的资源虽然丰富，但也鱼龙混杂。学生需要了解自己的学习目的，明确学习目标，对学习资源进行自主选择，也可以寻求教师的帮助。在选择互联网资源中，主要遵循以下原则：

1. 互联网资源的实用性

一个好的资源光有趣味性还不够，还要有真真正正的实用价值。选择互联网资源时，要选择其内容表述正确的，其信息有时效性的，与社会现实、科技前沿的接近程度大的，其所传达的内容是可靠的、权威的。实用性还包括内容要符合学生的年龄、心理发展水平、认知水平和阅读水平。此外，更重要的是教师在教学中教会学生鉴别、评价互联网信息资源的方法，培养学生的批判性思维能力和鉴别能力，让互联网资源更多地为学生的汉语学习服务。

2. 互联网资源的针对性

对外汉语教学被分为听说读写四大部分，针对每个学生不同的需求可以选择重点学习的资源，比如说，一个学生想学习中文只是为了方便来中国旅游，那他可以着重选择听力和说话的资源。学生可以根据自己的喜好、动机、兴趣等对学习资源做出有针对性地选择。

在"互联网+"时代的大背景下，在线汉语国际教育完全符合全球汉语学习的潮流，互联网教学已经成为教育活动中不可缺少的组成部分，"互联网+"大大地促进了汉语的发展。但是，任何事物都有两面性，互联网教育或多或少地存在着一些弊端，汉语教师也应该抓住这个机遇，利用互联网提供的平台，寻找破除"互联网+"阻碍汉语国际教育事业发展的方法，推动汉语教学的发展。随着时代和科技的进步，线上汉语教育会慢慢得到完善，给汉语学习者提供一个优良的教学环境，促进汉语教学与中国文化的传播。

第四节 传播学视域下汉语国际教育受众

汉语国际教育除了是教育学活动以外，也是国际范围内的一种文化传播活动，因而，我们必须要认识到传播学与汉语国际教育之间的关系，并且从传播学的角度对汉语国际教育进行研究。对汉语国际教育的受众进行分析，更是我们必须要重视的课题之一，受众的群体背景、群体类型等都可能对其学习效果产生影响，我们需要从中找到一定的启示并且以此为基础有效提升汉语国际教育的质量。

汉语国际教育正在受到越来越多的关注和重视，怎样才能提升汉语国际教育的质量是业内的热点话题，而从传播学的角度对汉语国际教育的受众进行研究，显然能够发现一些从前没有认识到的要点，并且为提升汉语国际教育质量带来新的推动力。

一、传播学与汉语国际教育

20 世纪中期，传播学这门全新的学科开始出现在人们视野之中，而人们开始正式将其纳入高等教育课程体系的时间更是只有 50 年左右，我国的传播学研究更是稍显落后，在 20 世纪末才被认定为国家二级学科，隶属于新闻传播学而存在。传播学整体尚不成熟，因此，其研究的对象实际上也缺乏准确的规定，研究的范围也不够精准，目前来看人类有关于传播现象的一切活动，都在传播学的研究范围之内。传播学从被中国接纳开始，就一直与语言息息相关，从最开始的语言传播学科，到现在一部分大学设立的语言传播学院，无一不在体现着汉语与传播学的紧密关系。实际上，语言是人们进行传播活动必不可少的工具，没有语言就无法进行传播，反过来也是如此。因此，我们可以看出，汉语与传播之间的固有关系不可分割。汉语国际教育从根本上来说也是一种传播活动，是一种关乎语言的传播活动，其与传播学之间的联系势必非常紧密。从传播的类型来分析，汉语国际教育实际上包括很多传播学的内容，如人际传播、群体传播等等，汉语国际教育的参与者往往来源各式各样，他们的生活经历、所属阶层以及母语背景都各有不同，因此也可以说汉语国际教育有着跨文化传播的能力和特征。从传播学的角度来看，汉语国际教育的所有参与者，比如说汉语国际教育的教师团队、书籍编写团队甚至是一些科普视频的制作者，都是这个传播活动的传播者，而汉语学习者则是这个传播活动的受众，传播者和受众之间通过一些活动或者物品达成联结，共同就汉语言知识进行探究和学习。

二、传播学视域下汉语国际教育受众分析

（一）汉语国际教育受众的群体类型对汉语学习的影响

汉语学习者属于汉语国际教育的受众群体，但是受众群体并非仅仅包含汉语学习者，

受众群体实际上可以分成预期受众、现实受众以及潜在受众这三种类型。其中，预期受众指的是传播人员在进行传播活动之前，事先设想的传播信息的可能接受者；而现实受众指的则是目前传播活动中切实接受信息的人员；潜在受众顾名思义指的则是在传播的过程中尚未参与进来或者是在未来某个时间段可能接受信息的人群。在实际的传播活动中可以发现，预期受众往往可以划分为过去式，而现实受众则是现在进行时，潜在受众则称为未来式。这几种受众群体各有不同，他们的特征也就不同，因此，传播者在进行传播活动的时候必定会对受众群体进行分类。比如说，在制作一个汉语普及类节目的时候，节目制作人员可能会对节目的预期受众进行分析，同时也会将目前正在学习汉语言的人分类为现实受众，同样的，对于那些有兴趣学习中国文化、与中国文化有长期接触或者接触需求的人、在中国定居或与中国国籍人员组成家庭的人，均属于汉语国际教育的潜在受众。

实际上，预期受众和现实受众这两个群体的符合度越高，传播活动所能取得的成效就越突出，而反过来预期受众和现实受众之间的符合度越低，那么传播活动产生的结果将会不那么尽如人意。因此，传播者在进行传播编码的过程中，必须要对过往现实受众的体验进行分析和研究，正确准确定位，让预期受众和现实受众的重合度尽可能提升。当然，预期受众的确定通常都是由传播者主观确定下来的，因此，在进行汉语国际教育活动的过程中，应该尽可能地将关注点放在现实受众和潜在受众上，在牢牢把握现实受众的同时积极开发全新的受众群体，通过各种各样的手段让潜在受众尽快转化为现实受众。在确定汉语国际教育受众群体的同时，我们也应该对每一个受众个体给予足够的重视，将汉语学习者作为最主要的受众，另外，我们还必须要认识到汉语学习者和汉语国际教育之间的关系，汉语学习者只是受众群体中处于现在时状态的一部分人群。

从另一个角度来说，预期受众和潜在受众都并不是具象化的群体，他们往往具有不稳定性、难以控制的特征，所以，我们需要对其投入更多的关注。之所以要从传播学视角对汉语国际教育的受众群体类型进行研究，主要还是为了尽可能地认知这个群体，上文中我们对受众类型进行了仔细的研究，从中不难看出，我们在汉语国际教育活动整个过程中，首先，要借助数据支持分析预计受众并且尽可能提升准确度，保证汉语国际教育活动的质量和水准；其次，还需要尽可能地采取多样化的手段让教育内容更加具有吸引力，让传播活动的媒介更加多样化，多采取正面激励的方法让现实受众拥有更加稳定的学习意愿，以保证现实受众的稳定性。

（二）汉语国际教育受众的群体背景对汉语学习的影响

在传播学视角下，受众群体背景是一个非常复杂的定义，其包括诸多要素，年龄、性别、籍贯、民族甚至宗教信仰都属于群体背景的一个组成部分，其中母语背景和籍贯背景是最重要的、不可忽视的影响因素，它们会对汉语国际教育活动的最终效果产生巨大的影响。因此，下文我们深入分析汉语国际教育受众的群体背景对汉语学习的影响。首先，我们已经阐述了母语背景对汉语学习存在一定的影响。因此，在进行汉语国际教育活动受众群体背景分析的过程中，我们第一个就应该研究母语背景所产生的影响，具体来说，母语背景对第二语言学习产生的影响可以分成两个方面，分别为母语正迁移以及母语负迁移。母语正迁移指的是母语背景下的文化和语言表达方式能够对第二语言学习产生正面影响，而反过来母语负迁移则是原有的语言习惯和文化背景对第二语言学习产生的负面影响，比较明显的一个例子是日本和韩国的学生在学习汉语的时候往往比较轻松，这主要就是由于母语正迁移而导致的。

在这种情况下，为了提升汉语国际教育的效果，我们必须要关注群体背景、引导群体传播。群体背景实际上指的就是某一个人群或者群体共同拥有的特征，在学习语言的时候群体背景会对学生的学习思维、学习手段乃至于学习质量产生巨大的影响，教师在进行教学工作的时候应该多分析总结，明确不同学生群体的背景特征，同时根据群体背景和学生学习的情况调整教学方法。群体背景的影响是不可忽视的，很多学生受到群体背景的影响，不自觉地就会有一些不良的学习习惯，也可能在汉语学习的某个部分遇到问题，教师在遇到这种情况的时候，需要多给予耐心和关怀，做好引导工作。教师是教学工作的重要参与者之一，但是毕竟一人之力无法带动整体的学习，因此，教师提出的某一个意见很可能无法产生预期效果，在这种情况下群体传播就显得尤为重要。具体来说也就是教师应该将建议或思路传播给群体中活跃程度高的学生，而后通过这些学生将建议和思路传播到整个受众群体中，以此为方式提升教学效果。除此之外，为了尽可能地保证汉语国际教育的水准，教师还应该有意识地调整群体传播带来的一些负面效应，比如说某个同学对教师的不满如果不加以引导可能会蔓延开来，导致教学活动无法顺利进行等。

（三）传播学视域下汉语国际教育受众分析带来的启示

想要提升汉语国际教育的质量，我们就必须要将关注的重点放在传播学视域下的教育技巧上。汉语国际教育活动本身的研究方向往往都是汉语或者第二语言教学手段，在语言学研究上却存在一定的欠缺，这导致汉语国际教育研究的片面化。所以说，尽快地调整研究角度，重视传播学与汉语国际教育的联结就显得尤为重要。目前我国在这方面的研究还比较匮乏，因此，在今后的工作中我们应该有侧重的进行研究，也就是说，我国目前汉语国际教育研究与传播学著作还比较少，更谈不上融会贯通。想要让汉语国际教育真正取得效果，还应该从传播学视域出发，在传播学视域下的汉语国际教育研究中，我们还需要关注受众学习汉语的目的，以受众的角度进行分析，并根据其具体需求丰富传播的内容和方法，革新教学方法，提高受众学习汉语的质量和效率。目前有很多汉语学习者虽然具有较强的学习热情，但是一部分有学习汉语意愿的潜在受众由于缺少学习渠道，学习需求没有得到满足，导致我国汉语国际教育事业难以快速发展。为了改变这种情况，我们需要从多个方面入手，丰富传播内容、传播方式以及教学模式。与此同时，也要借助其他所有能借助的力量，如华人华侨和世界各国的帮助等，使汉语逐渐发展为大众化的语言，让全世界的人民都以会说汉语为时尚，从而推动汉语国际教育事业的发展进步。

总而言之，为了提升中国的文化软实力，也为了弘扬中华民族优秀文化，我们必须要尽可能地提升汉语国际教育的质量，从传播学视域出发分析汉语国际教育的受众特征，并且找到行之有效的教学策略，为汉语学习者提供更加高效的学习体验。

第五节　世界政治环境下的汉语国际教育

汉语国际教育主要以孔子学院作为平台来传播汉语文化，其与世界政治有着很强的关联性，各种政治力量之间相互作用使汉语的传播形成了一定的结构，并显示出时代性、客观性和渐变性特征。由于推动汉语国际教育的各类行为主体的内在需求，使得它呈现出加速发展的趋势，而是否接受汉语国际教育，体现出了世界各国在国家力量、国家利益、意识形态、信息技术、军事等因素方面的考虑，它受到了国际政治关系的直接影响。

汉语国际教育发展至今，在世界上已具有相当大的影响力，它主要以孔子学院作为平台，传播汉语文化。为此，汉语国际教育受到了世界各国的普遍关注，尤其是西方一些国家不断地在观察其发展动向，评估其政治价值。在这方面，中国国内对此不仅没有进行深入研究，而且也没有将其提升到国际政治问题上来考虑，从而很难从理论上去解释实践中遇到的问题。古往今来，世界政治一直处于变化之中，汉语国际教育要得到可持续发展，在讲述"中国故事"时发挥应有的作用，就需要从世界政治环境对其影响、国际行为主体对其作用以及推动其发展的世界政治因素等方面进行深入探讨和研究。

一、世界政治与汉语国际教育的关联

世界政治与汉语国际教育具有很强的关联性。世界政治最重要的表现之一就是国际交往，使用什么样的语言进行交往，是一种政治考虑，因为语言的使用是一种社会活动，而且是人际间的主要活动，它充分反映了说特定语言的人的思想、理念和价值观。这实际上和语言意识形态是密分不开的，将一种语言传播到国际，就成为世界政治活动中的一环。与此同时，语言自身对政治的影响在于它可以建构意义，意义来自语言符号的相异，它的呈现受到特定语言的文化制约，充分体现了这种语言对世界的表征以及由它自身所构成的感知世界，反映了说这种语言的人所具有的独特文化。在国际交往中，"只有了解语言才能使文化影响卓有成效，才能进入外国的灵魂，进入其文学、智力和精神遗产。语言教育可以伴随一定的文化活动，而非必须领先不可，或者借助翻译，也可暂时搁在一边。但是它迟早都会进行，因为语言是一种文明的钥匙"。世界各国的政治家同样认识到了语言在国际交往过程中的特殊地位。联合国自 1945 年后就相继选择了六种工作语言，汉语是最先确定的语言之一，这充分显示了中国在当时世界政治活动中的地位。但汉语作为一种世界性语言，一直以来，并没有取得世界通用语的地位。随着中国在世界政治活动中所发挥的作用越来越大，汉语正以前所未有的态势走向世界语言舞台的中心。如果缺乏对汉语国际教育重要性的认识，世界政治中的行为主体要充分了解中国是难以实现的。

汉语国际教育的现状则从另一个方面证明了它是全球化导致世界政治格局变化的必然产物。全球化最先是由英美等国主导的，原本是为了通过它在获得更大经济利益的同时，也将自己的语言和文化相应地输出，但是全球化的发展并没有完全像这些国家所预期的那样。在全球化向纵深发展的过程中，经济领域中商品和服务市场的自由化，文化领域中文化模式、价值观、生活方式等方面的同质化，使得卷入这一浪潮的各国政治连接越来越紧密，也使得英语在世界上一枝独秀。但人的身份认同是与其生长的语言和居住环境捆绑在一起的，全球化会导致其和自身语言、文化背景彻底分开，于是，民族主义的呼声也就越来越高。因为民族国家可以体现民族主义的要求，文化政治价值观念及制度发展模式等成了民族国家之间竞争的核心要素，在世界上实现语言多样性的要求也就日益突出。这种世界政治的发展趋势正好证明"语言不单是交流工具，而且也是文化表达形式的结构，是特性、价值观与世界观的载体"。汉语国际教育正是在这样一个全球政治局面下凭借中国经济的强劲增长优势，在全球化中得以快速发展。

但是，在世界政治变化中，中国的汉语国际教育界对自己在世界语言舞台中的地位认识是不足的，其原因之一在于他们长期以来主要以语言学作为最基本的研究起点，对语言教育中的教育问题研究不够，同时极少对其涉及的政治问题进行探讨。事实上，语言教育是一种如何使用语言的教育，属于文化教育。既然要从事汉语国际教育，不和政治相关联，就难以在世界上高效地达到汉语文化传播的目的。如仅从语言学的视角出发，将汉语看作是一种工具，就会更注重汉语教学，而不是汉语教育，也就是说，汉语教学主要涉及技术层面，包括语音、词汇、语法、语义、语用、汉字等，这些都是使用汉语的基础，不掌握就无法体现是用汉语在进行交际。但交际并不等于使用工具，要使汉语这一工具得到有效使用，就要从战略层面上去考虑，这就和世界政治相关，只有通过教育的方式，才能对这个问题有全面的认识。当然，也应该看到，战略层面是由技术层面来保障的，汉语国际教育要重视技术层面，同时也要重视战略层面。技术和战略相辅相成，才能使汉语国际教育在世界政治的变化中不断地得到发展。

二、汉语在世界语言格局中的地位

当今世界的各种政治力量之间相互作用使汉语国际教育在语言的多元格局中所处的地位越来越重要。要掌握汉语国际教育的特征，就需要对世界语言格局发展的基本模式进行研究。

世界语言传播的发展形成了三种格局：殖民格局、冷战格局和多元格局。这三种格局基本上是和世界政治格局的历史发展相吻合的。从中可以看到，语言作为文化软实力的一种，其传播是受世界政治影响的，其背后是由经济力量、军事力量等硬实力支撑的。研究这些格局，就可以从另一个侧面来了解汉语国际教育所面临的客观环境，从而提高其传播的速度。

殖民格局来自 18—19 世纪的西方殖民统治，为了使殖民地的人民臣服于列强，殖民者强行实施自己的文化，这就使一些欧洲语言成了美洲、非洲、亚洲、大洋洲相当一部分区域的通用语，即使 20 世纪 60 年代后殖民地国家纷纷独立，许多新兴国家大多还是以殖民者的语言作为主要官方工作语言，这种决定实际上就是一种政治选择。现有的世界语言地理分布显示，使用殖民国家语言的人口大多超越这种语言的来源国，如英语、法语和西班牙语。这些语言呈现出分布广、使用人数多的特点。这种格局造成的语言地理分布已成为既定事实，需要客观地去面对。要从事汉语国际教育，就需要研究如何利用这种格局，高效率地培养汉语国际教育的人才，使他们只要掌握少量的语种，就可以在世界上更多的地方开展工作。因此，培养懂得英语、法语、西班牙语的汉语国际教育工作者理论上应成为战略考虑的一个重要组成部分。

冷战格局是由第二次世界大战后，社会主义国家和资本主义国家之间的东西方两大对立集团造成的，其主要表现为苏联和美国两个超级大国之间的争霸。由这两个大国率领的两大军事集团相互对峙和抗衡，对国际语言格局形成了决定性态势，使得英语、俄语的传播以惊人的速度加快，北半球的上端呈现出在地理分布上两种语言根据地对垒的局面，其中俄语似乎成了社会主义国家的通用语。20 世纪 80 年代末苏联解体后，俄语的地位虽然下降不少，但其影响力并没有在前华沙条约组织的国家中完全消失。这一格局的产生，对于汉语国际教育来说，既有有利的一面，同时又有不利的一面。有利的一面在于可以培养懂俄语的人才去原社会主义阵营的国家工作，不利的一面是 20 世纪 60 年代起，中苏关系破裂，导致学俄语的人数大大下降，因此，中国直到现在培养懂俄语的汉语国际教育人才都显得有些难度。

进入 21 世纪，人类普遍追求和平发展，世界政治、经济、文化也进入了一个崭新阶段，汉语国际教育开始兴起，但重新复制其他语种通过殖民格局和冷战格局而得到传播的方式显然不适合中国文化内涵的要求，也不会被世界所接受。从近十多年来的汉语国际教育实践可以看出，其影响力主要是依托冷战结束后世界语言形成的多元格局。世界多元格局是在 20 世纪 80 年代后逐渐形成的一种趋势，多个国家或多种政治力量在其中相互制约、相互作用，对新的国际语言格局的形成产生了极大的影响。在这之后，随着中国在世界政治中所扮演的角色越来越重要，汉语国际教育也得到了最佳的发展机遇。

多元格局的形成虽然有益于汉语国际教育的传播，但这并不意味着它替代了殖民格局和冷战格局形成的世界语言分布而独使汉语国际教育得到强有力的传播动力。事实上，就国际政治而言，殖民格局和冷战格局已过时，但这两个格局留下的语言遗产却依然在一些场合发挥着重要作用。就英语来说，由于在这两个格局中都发挥了作用，延续了百年以上，加上冷战结束后，美国成为唯一的超级大国，实行单极政策，美式英语在世界各地普及率进一步提高，这就使得在各国的教育体制中，英语成为最先选择的学习语言之一。从语言地理可以看出，英语在世界上已呈现出以片到面的态势，能连片来传播，可以说基本上已覆盖全球；汉语则不然，其地理分布上主要表现为以点状分布为主，在西欧等地出现了以点带片的现象，汉语的这种地理分布状况说明，汉语国际教育要为世界大部分地区接受，还有很长的路要走。但从另一角度看，随着中国在国际政治中发挥的作用越来越大，中国经济的稳定增长，汉语国际教育在世界的分布密度是可以大大加强的。这是由于汉语国际教育在发展中正日益和世界政治环境相融合，从而显示出如下特征：

（1）时代性：一个时代的政治力量的发展，可以推动语言格局的变化。历史上，世界语言的传播，都和传播某种语言的国家内外部政治要求相关。语言分布的殖民格局和冷战格局背后采用的手段是战争、对抗，客观上对语言传播起到了催化作用。和战争、对抗状态不同，在当今和平时代，由于多元格局的需求，汉语国际教育承载着"和而不同"等文化理念走向世界，它既适应了全球化的需求，也体现了时代的要求，因此，近十几年来，汉语国际传播的速度是前所未有的。一些在世界上起主导作用的国家，正在迅速调整国内语言教育政策，将汉语作为学习的主要外语之一，这充分说明，这些国家的语言战略调整也是适应时代发展要求的。因此可以看到，汉语国际教育发展的现状是由中外各国当今所具有的内在推动力决定的。

（2）客观性：汉语国际教育在世界上大量存在已是不争的事实，其在世界各地的分布不会以某个国家的某些人的意志为转移，因为它已形成一定的气候，个别国家拒绝接受的力量正在减弱。美国国务院2012年关于让孔子学院教师限期回国的指令在一周内收回就说明了这点。世界上对孔子学院的争议虽时有发生，但主动要求设立的国家和组织越来越多，这就充分体现了汉语国际教育具有其客观性。这种客观性也从另一方面说明其存在的正当性，符合世界各国对汉语文化了解的需求。

（3）渐变性：世界政治力量的对比变化首先从各自的内部变化开始，从量变到质变，呈现出渐变特征。汉语和英语的传播都会经历世界对它们从陌生到熟悉的过渡阶段。汉语要让世界各国人民所熟知，还需要走很长的一段路，因为这既关系到汉语国际教育采用的方式方法问题，同时又关系到国际政治未来发展的一些不确定因素。因此，汉语国际教育需要得到中国国内的进一步支持，也需要通过国际交往进行沟通，使各国能为其营造合适的环境。

三、国际行为主体对汉语教育的影响

在世界上推动汉语国际教育的是各类行为主体，既有国家行为主体，亦有非国家行为主体，正是不同的行为主体内在的需求，使得汉语国际教育这些年来呈现加速发展趋势。

作为国际上最重要的行为主体，世界上一些国家行为主体通过在国际体系中的作用和影响来证明实施汉语教育符合自己的利益。国家行为主体的政策是通过政府来体现的，政府机构具有规划和实施的行政权限，对汉语国际教育的实际推动力是极具权威性的。震惊世界的"9·11事件"发生后，2006年美国推出了"国家安全语言计划"（NSLI），提出的"关键语言"语种包括汉语等语言。由于美国在世界各地的普遍影响力，它的同盟国对汉语教育比以往更重视了。澳大利亚在 2012 年 10 月 28 日发布《亚洲世纪中的澳大利亚》政策白皮书，其中，让澳大利亚孩子学习亚洲语言是最突出的目标，这些语言中当然包括中文（汉语）。彭博社 2013 年 12 月 4 日报道，英国政府计划让学习汉语的人数翻番，达到 40 万人，并将给希望增设汉语课的学校提供资金，增加会说汉语的学校教职员人数。

上述国家行为主体做出的决定，说明一个国家无论在国内语言的选择上，还是在国际语言教育的选择上，都涉及政治。是否选择汉语教育取决于一个国家对其综合实力和国家利益的自信程度。当然，这些也都说明国家行为主体对汉语国际教育实施的重要性。

包括国际组织和个人的非国家行为主体则以另外一种形象参与汉语国际教育。由于它们也可以独立地参与国际事务，自身又具有参与国际事务的间接性、对外行为的跨国性、职能作用的协调性等特点，在一定的环境下，非国家行为主体比国家行为主体所起的作用更大。

因为国际组织是通过两个以上的国家、政府、政党、民间团体在相关协议、法律形式基础上设立的，它可以使一种语言在国际上的使用地位得到提升。1945 年联合国一成立，就把中文（汉语）作为工作语言之一，使汉语成为一种国际性语言。上海合作组织在成立之后，也将汉语作为工作语言之一，这进一步加强了汉语在国际区域合作中的影响力，因此，汉语国际教育在这一组织内的许多国家中得到了长足的发展。

当然，重要人物以其个人的影响力同样可以影响汉语教育在行为主体中的地位，影响国家采用汉语教育的内容和行为方式，对汉语国际教育发展起到推动作用，甚至可以用汉语、汉字来化解一些政治歧见。像新加坡前总理李光耀在认识到汉语教育的缺失之后，就发动了讲华语（汉语）运动，并带头学习。而澳大利亚前总理陆克文和泰国的诗琳通公主对汉语的热衷，也在他们各自的国家中起到了一定的示范作用。

四、世界政治影响汉语教育发展的因素

汉语国际教育的发展规模和速度充分体现出了世界各国在国家力量、国家利益、意识形态、信息技术、军事等因素所能发挥的作用，对国际政治关系形成了直接的影响，从而充分体现了行为主体的行为。

国家力量呈现的是国家拥有的实力、影响其他国际社会行为主体的能力，其中最突显的是物质层面的经济力量、军事力量和精神层面的社会制度、文化影响等。中国的国家力量助推了汉语在世界上的传播范围和速度。中华文化在国家力量对比中所突显的功能，影响了汉语的分布格局，2017 年 10 月 23 日，全球 142 个国家（地区）建立了 516 所孔子学院和 1076 个孔子课堂。可以说，孔子学院以汉语作为基础和核心的中华文化传播，已为世界搭起了一个认识中国的重要平台。而从孔子学院的分布可以看到，美国的孔子学院有 110 所，孔子课堂有 501 所，这表明政治地理上的战略要得往往是汉语分布

格局中的热点。

从满足生存的安全、政治、经济、文化、教育等立场出发，接纳汉语教育是符合当今世界很多区域的国家利益的。从 2004 年突尼斯教育部宣布将汉语列入中学外语选修课程到 2015 年美国总统奥巴马宣布启动实现 2020 年美国学汉语学生人数达 100 万的"百万强"计划，在这期间，有几十个国家宣布类似措施和相应计划，说明越来越多的国家认识到了汉语国际教育对自身的国家利益有利。

从现有的汉语国际教育实践来看，由于各国均有自己的政治体制，建立在一定社会制度基础上的意识形态可以促进或限制汉语国际教育的传播。意识形态对汉语国际教育传播的影响主要表现在一个国家采纳汉语作为外语教育的政策制定上，有些国家把它作为政治斗争的手段之一，从少数几个国家停办几所孔子学院的事件就可以看出问题所在。实际上，汉语是中华文化的组成部分，充分反映了中华民族的价值观，价值观恰恰和意识形态紧密相连。从这个意义上说，我们就可以解读出美国芝加哥大学停办孔子学院的政治意图。

信息技术的采用是体现一个国家的国际政治地位的重要手段，它推动了全球政治、经济、教育一体化的进程，导致现代教育时空观的变化，汉语国际教育在利用信息技术的同时使自己得到了快速发展，使自然环境因素对它的影响作用下降，可以说，信息技术助推了汉语国际教育分布格局的形成。

军事是政治的一部分，是政治的延续。中国根据联合国有关决议和国际法准则派出了维和部队。中国军人在圆满完成各种维和任务的同时，还积极传播汉语文化，为驻地建设提供文化交流的基础。而美国空军的 Air Force Times 网站 2010 年 3 月 8 日甚至报道，空军对属汉语方言的粤方言、赣方言和吴方言提出了需求，将对会这些方言的士兵进行奖励。面对中印之间在领土问题上的冲突，印度内政部长拉杰纳特·辛格则要求所有中印边境部队的官兵都要学习基础汉语。

除了上述因素之外，汉字文化圈也是一个值得关注的现象。由于过去或现在不同程度上使用汉字或曾共同使用汉文作为书面语的中国周边国家形成了汉字文化圈，在这些国家的汉语教育能有效地反映出百年来中国在世界政治中的地位。历史上，圈内各国在政治上或多或少都有渊源，这在地缘空间上为汉语国际教育奠定了基础。但随着亚洲出现的欧洲中心主义思潮，汉字文化圈国家大都在一定程度上展开过"去中国化"运动，限制汉字的使用。在当今世界政治力量对比发生变化后，东亚各国学习汉字文化的优势又再度被重新审视。韩国教育部就表示韩国小学高年级教材从 2019 年起将标注汉字。

总而言之，语言"是一种思维秩序、认知秩序，也是一种集体意识，一种集体价值体系。更重要的是，语言的使用具有政治性和权力性，也体现权力关系，语言背后隐藏着影响力"。汉语国际教育要得以发展，需要充分重视和研究它在世界政治的历史、现状和发展中的地位，从而揭示汉语国际教育的一般规律，增强文化自信，用汉语架起沟通的"高铁"，为全球人类命运共同体的构建助力。

第三章 国际汉语教育的创新研究

第一节 新形势下的国际汉语教育

一、跨文化教学的内容

跨文化教学主要是不同文化历史背景下的人们进行语言交流和语言学习。由于相互之间的历史文化差异、社会差异、时尚元素差异和地域自然环境差异等，在实际对外汉语教学中会出现交际障碍、语言理解偏差、教学效率低等现象。

汉语作为第二语言跨文化教学的对象是母语非汉语的学生，既可能是外国人，也可以是华人华侨，或者是第一语言非汉语的少数民族。

汉语作为第二语言跨文化教学的目的在于文化传播和交流，教授母语非汉语的人们准确地使用汉语，熟悉汉语文化内涵，了解相互之间的交流差异，正确表达自己的意愿。并掌握运用一定数量的汉语词汇的音、义、形。

二、跨文化教学的重难点

汉语作为第二语言跨文化教学的难点有很多。首先，汉字属于表意文字，属于与大多数国家和民族使用文字根本不同的文字系统，按照造字法分为六书：象形字、指事字、会意字、形声字、转注字、假借字；其次，汉字的表音功能较弱，形体变化多，一字多义，词组繁多的现象十分普遍。

（一）委婉词语

中国汉字深受儒家和佛家思想影响，用词含沙射影，委婉和谐，力求儒雅含蓄，不张狂不直白，"中庸"讲的是为人处世过犹不及，强调低调做人和智慧的艺术，受其影响汉字语言有很多的禁忌和避讳，中国古代过分强调阶级性差异、性别差异以及伦理纲常，比如，皇帝"死"称为"驾崩"，学识渊博之人称为"仙逝、驾鹤西去"，百姓"死"好人称为"与世长辞"，年龄小的称为"英年早逝"等等，都是用其他词语代替，极少直接用这一词。而西方国家的人们由于大多信仰上帝，对于死亡有一种积极、乐观豁达的态度。因此，在英语中对于死亡的表达有"进入天堂""与上帝同在""上帝的召唤"等。再比如，为了表示敬意，通常抬高别人、贬低自己，称呼有职位的人时是"姓＋头衔"，我们在家庭生活中对长辈尊称"您"，受封建等级观念的影响，中国人社会关系的称谓偏好职务等身份，只有注重文化交流汉语教学才能顺利地完成跨文化教学。

（二）谐音词语

对于零基础的外国人，谐音字会让他晕头转向不知所措，很难激发和引导他们的学习兴趣。在口语教学之初，需要形象生动地传播词汇中的文化，激发学生的兴趣，需要利用汉语词语之间同音或近音特点，通过关联法和串联法，举一反三，将汉语词语深深地刻入学生的记忆之中，并由一个词语联想到另外一个词语。谐音取义是汉语的一种修辞方式，也是汉语民俗文化的一大特点。谐音取义不仅出现在日常生活中，同时也出现在社会生活中，所以对于谐音词语的教学，也要根据学生的汉语水平分阶段进行。

（三）特殊易混淆词语

中国汉字博大精深，有很多特殊易混淆词语，如培养、培育，故意、蓄意，特别、尤其，毛病、缺陷等，另外，汉字中多义词、多音词语繁多，比如，长、还、重、曾、藏、折等字可以用不同的读音来区分，导致同一个字有引申或其他关联的两种意思，这对于汉语言掌握程度较高的外国学生来说较为容易理解，汉语基础较差的外国学生就很容易混淆，更难以理解。

三、跨文化教学的实践和方法

（一）利用文化因素教学

对外汉语教师的教学对象是来自不同国家和地区的学生，因此，必须了解不同文化背景所具有的含义和深意，在日常教学和交谈交际中，尽量避免可能导致交流失误的差异性文化因素。这样有助于营造良好的教生关系、朋友关系，有利于提高教学质量。对外汉语教师在了解不同文化的基础上，还必须将中国文化和他国文化进行充分的对比分析研究，揭示文化差异造成的文化误解和文化冲突。并且追溯其文化根源，在教学和交际过程中就会避免带来交际障碍的言语和行为。与此同时，对外汉语教师要"审时度势"地运用一定的跨文化交际策略，也就是说，针对不同的交际情形采取与之相适应的交际策略。但也可能存在一些受到语言意义对应但是文化背景意义不同的词语误导。例如，汉语的"怒发冲冠"在英文中的等值对应词是"to make one's hair stand on end"，可事实上两者的意义差之千里。"怒发冲冠"形容十分愤怒，而"to make one's hair stand on end"却是形容恐惧至极。还有不知道交际规则情况下转化的"文化错误"，如"尊敬老人"被翻译为"The senile should be respected"。殊不知在中国文化中年老体弱的人受到照顾和尊敬是一种美德，然而，在西方文化中，即使上年纪的人也很忌讳别人把他们当作老而无用、需要别人照顾的衰老之人。

（二）利用俗语幽默教学

汉语教师在与国外的学生进行教学交际时，应该积极地制造和回应对方的话题，避免用沉默的交际方式。要学会积极地运用幽默的教学方式，营造学习气氛，在快乐中学习汉语，同时叫人影响深刻提高教学效果。比如，模拟两国生活中道别方式、相亲方式、结账方式、男孩女孩告白方式等。运用一些幽默俗语让大家记忆犹新，比如，"我的妈"一词既可以表示某人的妈妈，又可以表示吃惊、意外的意思。

（三）利用时尚元素教学

时尚元素主要包括各国文化中对于服饰、音乐、古典、经典、颜色等的积淀。比如，中国人喜欢喜庆的红色，在婚礼等喜庆的场合着红装，但是红色在西方国家被认为是发生危险的信号，甚至是禁忌。又如"龙"这一图腾在中国象征祥瑞，而在西方却被当作邪恶、恶魔的代名词。对外汉语教学课堂中多应用外国文学经典、当红歌星、品牌以及当地热门俗语等时尚经典元素，这样会起到事半功倍的良好效果，避免生搬硬套中国的经典文化、俗语、时尚元素等内容，如很生硬地让学生理解中国京剧、舞狮、中医等元素，缺乏两国元素的比较教学、模拟教学、实践体会教学。

第二节　MOOC 背景下的国际汉语教育

随着我国经济的发展和国际地位的提高，越来越多的人希望了解中国社会和中国文化。语言是文化的载体，语言教育和文化的传承是相辅相成的，要让中华民族的优秀文化更好地传播出去，必须重视汉语的教学和推广。

当前国际汉语推广的形势可谓如火如荼，但无论是来华留学生的对外汉语教学，还是海外孔子学院的国际汉语推广，仍主要遵循传统的课堂教学模式。由于时间和空间的限制，能进入课堂学习汉语的人毕竟是少数，许多对中国文化和汉语感兴趣的学习者无法通过便捷、高效的途径来学习汉语。北京语言大学是中国境内汉语国际教育领域第一家能够通过远程教育方式对外籍人士颁发学历证书的学校，其以"网上北语"为教学平台，通过网络教育学院面向全球开展汉语学历教育、汉语非学历培训、HSK 考试辅导和国际汉语师资培训等业务，但"网上北语"自 2001 年正式建成运行后，开通三年仅有正式交费学员210 余人，注册学员不到万人，高校汉语远程教育的形势不容乐观。

而近两年来，一种新的学习浪潮——"慕课"（MOOC）席卷而起，这场课程风暴被誉为"印刷术发明以来最大的教育革新"。慕课时代的来临，是否会对旧的传统教学模式产生冲击？对国际汉语教育又会产生怎样的影响？这是国际汉语教育和推广过程中迫切需要解决的问题。

一、慕课的起源和特点

"慕课"是术语"MOOC"的汉语音译,全称为"Massive Online Open Course",即"大规模在线开放课程"。Coursera、Udacity 和 edX 是全球慕课平台中最具影响力的三驾马车。2011 年秋,来自 190 多个国家的 16 万人同时注册了斯坦福大学一门《人工智能导论》课,并催生了 Udacity 在线课程;2012 年 4 月,斯坦福大学的两位计算机教授创立了在线免费课程 Coursera,目前 Coursera 平台注册学生超过 1 亿,共有一千多所合作大学提供九千多门课程,是当前提供开放课程数量最多、规模最大、覆盖面最广的一个在线课程平台;2012 年 5 月,哈佛大学和麻省理工学院联手建立 edX 在线课程项目,上线初始便有全球上百家知名高校申请加入。

随着欧洲的 Future learn、iversity,澳大利亚的 open Study 等平台逐渐兴起,国内清华大学、北京大学、复旦大学、上海交通大学、香港中文大学等诸多名校亦步入"慕课"领域,为全球学习者提供共享的优质课程。2013 年 10 月,全球首个中文版"慕课"平台——清华大学打造的"学堂在线"正式开放。目前国内的慕课平台主要有果壳网的"MOOC 学院"、爱课程和网易合作的"中国大学 MOOC"、上海交通大学的"好大学在线"以及北京大学2015 年上线内测的"华文慕课"等。

慕课的到来,带来了学习方式的革新,它具有以下几个特点:①大规模。不同于传统的课堂教学,慕课一门课的学生数量很多,有的甚至有十几万人。②开放。慕课对所有人开放,学习者不受国籍、年龄、地域、职业、专业的限制。大部分课程学习免费,仅在制作证书时收取工本费。③在线。学习者需要连接互联网,使用智能手机、平板电脑、PC等终端在线学习。④学习时间碎片化。慕课课程由多个围绕某一概念、原理或者话题的授课视频组成,每个小视频时长 5 ~ 10 分钟,学习者可以利用排队、坐车等任何可利用的时间完成学习。⑤生动、互动。同学、师生之间答疑解惑,可建立课程论坛和讨论模块。视频学习中穿插小测验,犹如游戏通关,富有趣味。

二、慕课对国际汉语教育和推广的影响

随着网络和信息技术的发展,多媒体技术和远程教育等模式在国际汉语教育领域中的应用日益广泛,新兴的慕课会给国际汉语教育和推广带来怎样的影响呢?

(一)打破汉语教学时间、空间的限制

目前国际汉语教育主要在三个层次上展开:孔子学院、外国大学中文系、各种类型的华文学校。随着汉语热的升温,海外的汉语教学还有第四个层次:营利性中文培训机构。孔子学院主要是满足海外当地社区学习汉语的多样化需求;外国大学中文系或中文学院主要培养汉语的专业人才,比如,汉语翻译、汉语教师等;各种类型的华文学校是以华人华侨子女为主要培养对象;营利性中文培训机构面向当地有学习汉语需求的学习者,主要是

辅导 HSK 或其他各类汉语水平考试。无论是哪一个层次，都必须满足一定的条件，比如，校园、教室、教师、教材等，教学的时间和空间预先安排，一旦固定，教师和学生双方不可随意更改。

慕课的运用可以打破汉语教学在时间和空间上所受的限制，让无法参与实地课堂的人有了学习的空间和途径，同时可以自由地决定学习的时间和地点。慕课还具备与以往传统的网络公开课或远程教育有所不同的特点。网络公开课一般时长为 30 ~ 45 分钟，慕课是围绕某一知识点或主题的课程，时长仅 5 ~ 10 分钟，以周为学习周期，大致为 5 ~ 20 周。慕课的时间是碎片化的，可以在坐车、排队等任意时间学习。网络公开课是学习者以局外人身份听课，慕课的学习者是参与其中的，不仅有随堂作业，还有期末测试，最后考试通过还能得到证书。远程教育对象多为本国学生，一般有学历的要求，比如，必须拿到高中文凭才能学习本科的课程，大部分课程收取费用。慕课的特点是"Massive"（大规模的）和"Open"（开放的），只要学习者需要，不管年龄、国籍、地域、学历、专业、职业都可以进行在线课程学习，而且大部分免费。无论你身处地球的任何一个角落，只要"Online"（在线）配备智能手机、平板电脑或 PC 任何一种终端，就能学习顶级大学的精品语言课程。

（二）对汉语教师和学习者的影响

慕课的到来让汉语教师面临前所未有的挑战。首先，面临着优胜劣汰的竞争局面。在慕课在线课程平台，所有的课都是公开让学生自由选择，高品质的讲授无疑会受到更多学习者的欢迎。全球各高校或教学机构的汉语教师在同一个平台竞争，优胜劣汰。其次，面临专业知识的提炼和重组。同样的一个语法知识点，放在普通的 40 分钟课堂和只有 5 ~ 10 分钟的微视频，展现的形式和教学的方法是截然不同的。汉语教师需要对已有的专业知识进行新的提炼和重新组合，以适应高效、浓缩的在线讲授方式。再次，在传统的课堂教学中，教师可以仅使用"一块黑板、一支粉笔"等简单的教具来完成语言教学任务，但在慕课平台，需要使用多种教学手段，除了常见的手写板、PPT 和 Flash，还要拍摄各种微视频和录制微音频，通过剪辑、整合多种教学手段来呈现教学内容。这凭教师一己之力往往难以完成，需要其他成员的技术支持和团队整体的合作。教师不再仅仅是专业知识的传授者，还是语言课程录制的表演者、协作者甚至导演。最后，慕课给汉语教师带来的不仅是挑战，还有更直观的评价体系和受大规模学习者承认的荣誉感。

慕课对汉语学习者的影响主要体现在以下几个方面：

1. 汉语学习者数量的增加

由于慕课打破了汉语教学时间和空间的限制，使对中国文化和汉语感兴趣的学习者有了便捷、高效的学习管道，自然会吸引更多的汉语学习者。利用慕课形式，汉语课程和其他全球顶尖名校的精品课程在同一个平台展现，有更多的机会将没有接触过汉语和中国文化的学生吸引过来，汉语和其他与中国文化相关的课程有了更多的潜在学习者，传播受众的数量也将大大增加，最终达到推广汉语和中华优秀文化的目的。

2. 学习动机更强

传统的教师和学习者的关系是以教师为中心，学习者被迫处于从属地位或被动地位。慕课背景下的汉语教学可以使"以学生为中心，教师为主导"这一原则得到更好的体现。学习者可以主动地选择感兴趣的学习材料，而不是机械地被灌输，具有很高的学习积极性。有无学习动机以及学习动机的强弱，可以通过学习积极性反映出来。许多心理学家的研究表明，学习动机是由期待因素、价值因素和情感因素等三种心理成分构成的。第一个因素需要回答的是"我能完成这个学习任务吗"这一问题。慕课的微视频仅有几分钟，一般围绕某个知识点展开，简易紧凑，无疑给学习者带来解决问题的信心。第二个因素价值因素要回答的是"我为什么要完成这个学习任务"这一问题，学生对目标的重要性认识越清楚，学习自觉性就越强。第三个情感因素要回答的是"我对这项学习任务的体验如何"，在学习过程中，慕课平台带给学习者新奇、轻松愉快的情绪体验，对学习会起到促进作用。我们之所以强调学习者的动机和自觉性，是因为语言学习本身是一个终身的学习过程。许多学习者从校园走出去后基本不再接触汉语，或者通过 HSK 考试后就将书本搁置，只有激发学习者自身的主动性才能使国际汉语教育得到持续的进行和发展。

3. 学习途径多样化

目前的学习形式有三种，即课堂学习、虚拟学习和混合式学习。混合式学习是今后发展的方向。传统的语言教学课堂一般为班级集体的课堂教学和一对一的个别教学，目前汉语教学以实地课堂教学为主要形式，其中包括来华留学生的课堂教学和海外孔子学院或课堂的实地汉语教学。1950 年，来自东欧国家的 33 名留学生来华学习，政府在清华大学成立了中华人民共和国第一个专门对来华留学生进行汉语教学的机构。伴随着中国经济的发展，2013 年，共计有来自 200 个国家和地区的 35 万多名各类外国留学人员分布在全国 746 所高等学校、科研院所和其他教育教学机构中学习。自 2004 年我国设立了第一所海外孔子学院开始，2014 年底，全球共有 126 个国家和地区建立了 475 所孔子学院和 851 个孔子课堂。随着慕课平台的发展，国际汉语教育可以将慕课课程和蓬勃发展的海外孔子学院实地课堂结合起来，学习者既可以通过灵活、便捷的慕课平台学习汉语课程，还可以到当地社区孔子学院或课堂去实地上课，亲身感受中国文化，线上和线下的课程相结合，为学习者提供更为立体和丰富的学习体验。

4. 获得更好的学习效果

传统的课堂教学教师多使用讲授法，这种方式有利于控制课程进度，但过程比较呆板。慕课主要通过视频影像这一形式来讲授课程，图文声画并茂，具有多重表达手段，能够积极调动学习者的感觉器官，使其最大限度地接受和加工新的语言信息。与传统课堂不同的是，慕课平台上的课程可以反复点击观看，对于语言学习的重点和难点可以重复学习。信息加工心理学家认为，人脑与电脑一样，是一个信息加工系统，学习是学习者通过自己对来自环境刺激的信息进行内在的认知加工而获得能力的过程。当信息进入人的短时记忆便被编码和贮存，但短时记忆对信息的贮存时间很短，一般只有 30 秒左右，而且容量有限，只有 7±2 个信息单位。信息经过复述和强化有利于进入下一个加工阶段——长时记忆加工阶段，否则就被遗忘。对于语言学习者而言，适当的重复和机械操练是必要的。与此同时，慕课学习具有互动性，同学、师生之间答疑解惑，可建立课程论坛和讨论模块，通过同学互评、团队合作完成作业等形式来取得更好的学习效果。

（三）教学大纲的重设

慕课具有与传统课堂不同的特点，比如，每个课程视频时间短，教学周期以周为单位，一般 5 ~ 20 周；教学对所有人开放，每个课程的学生数量巨大；教学手段主要依靠微视频传播等。与传统的汉语教学相比，在教学时间、教学对象和教学手段方面都有了很大的改变，因此，应该根据这些新特点调整慕课平台上汉语教学的目标和内容。

作为第二语言或外语的汉语应该教什么、怎么教，这个问题自 20 世纪 50 年代中华人民共和国对外汉语教学事业开展以来，学界一直在摸索和探讨。目前各汉语学习网站对所发布的网络汉语课程在教学目标和教学内容上没有一个统一的标准，慕课平台上的汉语课程数量较少，也未成体系。北京大学在华文慕课上发布了两门汉语教学课程：基础汉语和中级汉语语法。以中级汉语语法为例，该门课程可以在 edx 平台学习，要求学习者掌握 1500 个左右词汇，具备基本的汉语语法知识。该课程对 12 个汉语最基本的语法项目进行讲解，每个视频时间为 10 分钟左右，共 14 周，并提供大量的语法练习题目；用汉语授课，无英语讲解字幕。基础汉语课程可以在 Coursera 平台学习，面向零起点学生，单个视频时间为 5 分钟左右，共 90 周，每一个视频都附有小练习和拓展阅读，完成后才能进入下一个视频的学习，课程围绕七个主题展开教学；主要用英文授课，无讲解字幕。基础汉语和中级汉语语法之间的跨度很大，仅两门课程也难以为学习者提供一个完整的课程体系。可见，慕课平台的汉语教什么、怎么教？课程是否可以继续遵循旧的汉语教学大纲，还是根据新形式开发新的慕课初级汉语、慕课中级汉语和慕课高级汉语大纲？在汉语作为第二语言或外语的教学过程中，教学大纲的作用是毋庸置疑的。它是一个总的纲领，规定了教学的对象、时间、目的、内容、要求和教学方法，也是汉语课堂教学、教材编写、教学评估和考试的重要依据。简单来说，教学大纲规定了教师教谁，教什么，怎样教，而学生通过大纲也可以了解自己所要学习的内容是什么，应该达到怎样的学习目标和效果。所以，确立怎样的教学大纲，这是在慕课背景下进行国际汉语教育和推广的重要环节，只有用切实可行的教学大纲对其进行规范，才能使慕课新形势下的汉语教学和学习目标明确，做到有的放矢。

（四）考核方式的变革

语言测试是语言教学的重要组成部分，当前汉语考试有以下几种：HSK、HSKK、YCT、BCT 和 HSKE。HSK（汉语水平考试）是一项国际汉语能力标准化考试，重点考查汉语非第一语言的考生在生活、学习和工作中进行交际的能力，最高级为六级，词汇量在 5000 个以上；HSKK（汉语水平口语考试）主要考查学生的汉语口头表达能力，分初、中、高三级，采取录音形式；YCT（中小学生汉语考试）也是一项国际汉语能力标准化考试，考查汉语非第一语言的中小学生在日常生活和学习中运用汉语的能力，主要分为四级，口试分初级和中级；BCT（商务汉语考试）考查学生用汉语完成日常交际和商务交际任务的能力，分成 A、B 和口语三个独立的考试；HSKE（孔子学院 / 课堂测试），用于各孔子学院和课堂学院入学分班、评估课堂教学和结业测试。以上几种汉语考试中，影响最大的是 HSK，并且在纸笔考试形式的基础上新增了 HSK 网考，支持在线发放试卷，在线作答听力题、书写题、口试题等多种题型，为汉语在信息化时代的推广起到了促进作用。

测试是教和学的共同需要，对测验的基本要求是有效、可信而且具有一定的难度和区分度。慕课汉语课程的测试在于考察预期的教学目标是否为学生所掌握，试题必须针对预定的教学目标。如果测试通过，学生达到了目标，教学可以继续进行；如果未达到目标，则应立即进行补救教学。随着信息技术的发展，传统的语言测试将朝着无纸化操作方向变革，慕课平台的汉语课程测试可以依托孔子学院远程教育中心的汉语水平考试网考平台，通过网络回传考试作答的数据，实现整个考试过程无纸化操作，对国际汉语学习者进行统一测试。无纸化测试的普及，让教师可以利用大数据信息对学习者的学习情况和考试结果进行综合分析和评价，汉语学习者也可以更便捷地检验自己的学习效果，以考促学。

综上所述，从学习时间和空间的转变、教师和学习者、教学大纲和测试等方面来看，慕课时代对国际汉语教育和推广产生的影响不容忽视，当前结合慕课背景来讨论汉语作为第二语言或外语的教学新模式具有里程碑式的意义。2014 年 9 月，上海外国语大学《外语电化教学》杂志编辑部主办了"慕课（MOOC）时代的高等外语教学学术研讨会"，这是全国外语界首次以 MOOC 为主题召开的专题讨论会，因此对外汉语学界也应高度重视起来，抓住契机以进一步推动国际汉语教育模式和课程的创新与发展。

第三节　国际汉语教育的中国形象传播

在当代全球化特征日渐弥散，国际汉语教育领域对"中国形象"的研究更加烦琐复杂、波诡云谲。国家形象是国家的一个明信片，是对国家综合认知、综合评价的必然结果，它是一个国家实力、发展等情况的直接展示。随着综合国力的不断提升，我国处于国家形象建设的关键时期，面对机遇和挑战共存的情况，需要科学认识和把握挑战，有效抓住机遇，加强中国形象塑造。国际汉语教育对传播中国形象，塑造责任大国、品牌大国形象等具有重要意义。本节主要分析了国际汉语教材中的中国形象，并就如何在国际汉语教育中传播中国形象给出一定的策略，以期抛砖引玉，互为借鉴。

在全球化的大趋势下，中国国家地位日渐凸显，中国形象也更加受到世界各国的广泛关注与重视。毋庸置疑，逐渐提升的良好的中国形象，对展示中国日新月异的进步风貌以及提升我国的国际综合竞争力具有促进作用。"汉语热"伴随着中国国际地位的提升而日渐兴起，这种兴起提升和促进了国外友人争相学习中国语言的激情与热潮。于是，国际汉语教育也弥足重要，是促进中国文化传承与普及、加强文化交流、传播与构建大国形象的有力路径。

一、国际汉语教材中的中国形象

语言的传播、话语的传递让不同外国友人开始学习汉语，并用汉语进行交流，"说汉语""讲汉语"的外国友人群体越来越多。语言的传播、文化的传递让国际汉语教育成了塑造中国形象、构建中国形象、传播中国形象的绝佳路径。在不同的国家，如韩国、泰国等均有相应的汉语教材，它是外国人了解中国、接触中国文化、认知中国形象的主要工具，在各个国家的汉语教材中，中国形象也各不相同，这里以泰国汉语教材为例来说明。

《体验汉语》系列是泰国出版的汉语教材，它贴合泰国本土的特色，并迎合泰国学生的兴趣点，贴近泰国日常生活。整套教材从点点滴滴来展示中国形象，对学生更好地了解中国文化，使其在脑海中尽快地形成中国形象十分有帮助。泰国汉语教材做到了汉语知识与文化的有机融合、巧妙衔接、相得益彰。其中的内容凝聚彰显了中国各种形象，如日常生活类内容塑造了重教育、重人才培养、重文化传承、重民族团结的良好中国形象；文化与科普常识类则传播了重科技创新、环境保护、宗教信仰等形象，呈现了一个传统节日多元、文化璀璨绽放的优秀国度形象；历史与文学故事类展示了学无止境、顽强拼搏、真理探索、与时俱进等优秀品质，将国人形象以及中华民族的伟大精神一一得到体现。总之，泰国汉语教材通过不同内容的呈现，向泰国学生展示了一个和谐、民主、文明、进步、发展、创新的中国形象，与此同时，也传播了善良、真诚、友爱、互助等的国人形象，更将一个文化多元、博大精深的"大国文化"国度形象跃然纸上。

二、国际汉语教育中的中国形象传播策略

在国际汉语教育中，学生是教材中内容的直接接触者，同时也是中国形象感知的课堂参与者与课堂主体，从学生角度来完成中国形象的巧妙传播是可行的，也是相对有效的。就中国形象的传播而言，学生一方面是内容接受者、文化体验者，同时更是内容的传递者、形象的传播者与理念与精神的播撒者。因此，要充分考量到学生自身的因素，不能忽略其本身所具有的中国形象的传播功能。

学生的"自主性"较强，要学习什么、要了解什么、要传播与传递什么，往往会"由心而生"。教师的教学要抓住这一点，去刺激学生的"自主性"，使其对教材中的中国习俗、文化、理念等充满新鲜与新奇感，激发外国学生对汉语学习的求知欲与自信心。这就需要教师要基于学生特点，优化组织教学内容，寻找学生的兴趣点，调动学生的兴趣与积极性。当然，更重要的是，因材施教，量体裁衣，发现学生在学习汉语教材时自身所散发的"闪光点"，并顺利挖掘。另外，学生之间的性格存在一定的差异，语言背景也差异较大，对学习动机、学习风格以及汉语认知态度和兴趣不同，这些因素影响学生对汉语求知度，因

此，需要注重学生积极性，激发学生汉语学习兴趣，实现中国形象的有效传播。总之，要尽可能地挖掘学生的"自主性"。除了"自主性"，还要关注学生的"互动性"与"参与性"，这是学生学习时所具备的基本特征。学生想学习、想交流、想互动，便能够在互动中习得更多中国知识与文化，这让中国形象的传播也更容易。在学习的过程中，学生之间相处的时间比较多，教师要鼓励学生小组之间进行合作学习、沟通交流，发表见解，通过这样的互动和交流、借助分工合作和监督，调动学生活动积极性，深层次发掘中国文化，形成学生对中国的新的见解，为中国形象传播奠定良好的基础。在中国形象传播时，尽可能地让学生参与其中，了解学生对中国的声音，深入分析学生对中国的态度，做好中国形象的基本定位。同时对学生眼中的中国形象进行客观评价，了解需要提高中国形象的方面，纠正学生对中国形象的误解，正确认识中国形象。教师要鼓励学生多学、自主学、多问、自主探索、多合作、交流沟通等，奠定中国形象传播的学生基础。

三、从教师的角度完成对中国形象的高效传播

学生是中国形象内容的接受者，而教师是主要的内容实施者，是课堂组织者与传播者，其角色是不容替代的。国际汉语教师任重道远，传播中国观念、传播中国文化、打造中国形象是其主要的任务。如何开展国际汉语教育，以何种方式组织教学，以何种教学方式开展教学，运用何种中国形象的传播与构建途径，如何帮助学生对中国形象进行良好定位等都是汉语教师值得思考的话题。教师要懂得从教学理念、教学方式、教学技能等各个方面去完善自我。

首先，是树立科学的观念。要想做到高效教学，国际汉语教师就必须要有"传播中国文化，树立中国形象"的教学理念与意识，这种意识一旦根深蒂固，便能指导与激励教师去传播中国文化，极力宣传、介绍与弘扬中国文化与精神。这有利于外国学生全面且深刻地了解中国。汉语教师需要肩负起中国形象传播的责任，从国家角度树立客观公正的态度，有效避免国家形象的过分夸大，引导学生以平等的方式对待中国形象，尽可能减少负面因素的产生，让学生认识现代中国是一个和平、文明、创新的国家。与此同时，注重汉语教师跨文化意识培养，在异国教学时，需要从对方角度入手，尽可能避免错误行为的发生，和学生构建良好的关系，注重自身价值观念和行为态度的影响。其次，强化师生互动，创设良好的国际汉语教育情境。国际汉语教师要尽可能避免"满堂灌"的教学方式，要通过营造生动的情境与学习氛围，让外国学生更喜欢上汉语课，只有学生的自主性、参与性高了，教师的中国文化传递、国家形象塑造才能更成功。为了增强课堂的活泼性，教师可创设一些文化交流的情境，教师问、学生答，或者师生对话、生生对话，在活跃的生动对话中渗透中国文化、中国理念等。为了强化师生互动，教师可运用"小组合作探究"的国际汉语教育方式，这种方式有利于教师与学生更好地参与课堂，也更便于学生树立全方位、多层次、深领域的、更立体的中国形象。

四、以媒介为平台进行中国形象的良好传播

对于国际汉语教育教师而言，一切有利的因素、一切可尝试的途径都可拿来运用，以更好地宣传中国形象。在接受汉语文化时，学生是一个能动的主体，他们不仅受到教师的影响、其他学生的影响，同时还受到各种媒介的影响。在国际汉语教育中，教师应巧妙地利用能让学生尽快了解中国文化与形象的各种媒介，借助媒介的力量不断且持续地加强对中国正面形象、大国形象的塑造与传播。

在国际汉语教育中，"媒介"类型有很多，当然最基础的便是"汉语教材"。为了充分发挥汉语教学这一媒介的主要作用，相关部门应注意合理规划汉语教材，并根据时代发展与教育改革，尽快地对教材中有关中国形象的内容进行实时更新。例如，可进行实地调查，或者吸收社会人士、学生家长，甚至是学生群体的意见，构建内容多元、形式新颖、文化功能凸显的汉语教材。除了"教材"这一媒介之外，教师还应充分发挥"教具、网络"等这些更广泛、更吸引人的媒介。这里所说的"教具"主要是多媒体信息技术，这种媒介既包括 PPT、电子白板等工具，还包括图片资源、文字资源、视频音像资源等，使学生更好地了解与学习中国文化，树立中国形象最广泛的媒介。中国文化博大精深，三言两语未必可说完、道尽，这时就需要发挥多媒体信息技术媒介的作用了，美轮美奂的图片信息、精彩绝伦的视频资料等都可让学生大开眼界。除了这些媒介之外，网络媒介也不可或缺。教师可鼓励学生通过上网搜索资料，查找自己感兴趣的中国文化。或者，教师可在课下实现与学生的线上沟通、交流，随时随地解决学生关于中国文化学习的各种"疑惑"，为学生搭建一个随时学、随时问的媒介平台。

综上所述，随着国际汉语教育的风生水起，越来越多的国家认可中国形象，在国家语言教学中增添汉语教育这一类别，对于外国人更好地了解中国人与中国形象十分必要，且十分重要。国际汉语教育承担着中国语言知识传递、中国文化传播、中国形象构建、中国形象树立等各项任务，于是，国家汉语教学的质量便显得尤为重要。学生作为国家形象内容的直接接触者，从其视角助推中国形象传播是必要的；教师承担着教学的任务，优化教学策略，提升教学质量，对于传播中国形成十分重要；再者，还要发挥媒介的作用，三管齐下，真正将中国形象传播进行到底。

第四节　"第四范式"语境下国际汉语教育

自从吉姆·格雷（Jim Gray）提出科学研究的"第四范式"（the fourth paradigm）概念以来，它便在大数据革命的浪潮中流行起来，继而在各学科领域都产生了重大影响。

一、"范式"与"第四范式"

在探讨"第四范式"给国际汉语教育带来的挑战与机遇之前，有必要先明晰"范式"以及科学研究四个范式的内涵。

范式就是一种公认的模型或模式。"范式"（paradigm）这一概念由来已久，其最早出现在亚里士多德《修辞学》一书中，主要指演讲和论辩的范例、样式和方法等。世界著名科学哲学家托马斯·库恩（Thomas Kuhn）在 20 世纪六七十年代对"范式"进行了系统阐发，迅速发展为一种影响深远的范式理论。库恩在《科学革命的结构》（*The Structure of Scientific Revolutions*）中系统阐述"范式"理论指的是一个共同体成员所共享的信仰、价值、技术等的集合。范式兼有思维方式和技术方法的特征和功能，是某一科学共同体在从事科学研究时所一致认同的信念、理论、规则、方法、技术和行为方式，它是常规科学赖以存在和发展的理论根基和实践导引，为研究者提供了特定的观察视角、分析思路、参照框架和技术手段。

二、第四范式是对之前科学研究范式的继承与发展

美国计算机图灵奖得主吉姆·格雷（Jim.Gray）于 2007 年初率先提出"科学方法的革命"，认为迄今为止，科学研究依次经历了经验科学、理论科学、计算科学和数据密集型科学这四个阶段，与之对应的，科学研究范式也从经验范式、理论范式、模拟范式过渡到与大数据科学相匹配的第四范式。这四类研究范式是随着社会发展与科学研究的进程不断进步的过程。

由此可见，"第四范式"关注的是新颖科学方法论的出现，这种方法并不是取代而是补充原有的科学研究方法，从科学方法论角度来看，"第四范式"最重要的内容表现为经验主义科学方法论的发展。较之传统科学范式，"第四范式"的特点在于使有效处理巨量数据的经验主义成为可能。计算机科学的发展，网络技术的进步，为当今的科学研究奠定了基础。为汇聚前所未有、无法想象的巨量数据提供了可能，这些数据将会带来科学研究的深刻变革。

"第四范式"思维不仅为自然科学领域的研究带来了变革，同时也给教育领域带来了挑战和机遇。在大数据科学与技术迅速发展的今天，在大规模教育数据的采集存储、开放共享和挖掘分析成为可能的时代，汉语国际教学作为一种跨文化、跨地域的教育模式，更应该把握科学研究范式带来的机遇，并迎接数据时代教学模式面临的挑战。

三、大数据时代国际汉语教育面临的挑战

近年来，大数据及其应用出现急剧增长的现状。大数据无处不在，无论个人生活还是

专业领域都源源不断地产出大量的数据，如网页文本数据、电子商务、百货商场或杂货店的购物数据，社会网络、社交媒体聊天记录等。所有数据都由语言组成，所有学科都是用语言描述，任何媒体手段都是语言的载体。而语言作为交流的手段和内容，随着数据数量剧增和更新速度加快，体现在教学上也是一种翻天覆地的变化。特别是在全球开展的汉语作为第二语言的教学，更是面临巨大的挑战。

然而，传统的汉语教学模式无论是经验模仿、教学模式还是计算机辅助教学模式，都无法适应大数据时代所带来的语言资源变化。对于汉语教学而言，大数据时代与一般的语言教学不同，不仅需要国际化的视野，更需要国别化地对待。传统的"三教"，教师、教材、教法，具有延迟、保守、僵化等特点。具体表现为：①教材内容比较滞后。大多为语言学家的经验之作，内容选择虽然经典但与时代脱节，不能体现最新语料。教材的国别化程度低，许多国别化教材之间的差异仅在于使用不同语言翻译教学内容，而不是根据中国与教材使用国的国情、地情和民情进行编写。②教师数量不足，教师的教学理念往往比较保守。教师以固化的多年不变的教材内容为主线，以语言本体教学为主导，由于课堂教学时间有限，教师与学生之间的沟通互动少，且教师急于完成教学任务，学生所学语言知识与社会发展相脱节。③教学方法比较传统。传统的课堂教学以经验模仿为主，即便是使用了计算机多媒体技术，也只是将教材内容生动地搬到了课件上，教学方法没有实质性改变。

就目前全世界正在学习汉语以及准备学习汉语的人数连年递增的现状看，学习者学习愿望迫切，对学习内容的个性化要求越来越高，对学习效率、学习效果的要求也越来越高。传统的经验模仿以及计算机辅助教学模式已经无法满足日益增长的学习者数量的需求，更无法满足学习者的效果要求。

四、大数据时代国际汉语教育的机遇

进入大数据时代，教育领域中各要素的可量化程度空前提高，从各种纷繁复杂的教育数据中挖掘有价值的研究课题和探索不为所知的现象和规律，并利用海量数据作为研究证据和支撑材料，这将是新的历史时期科学共同体遵循的基本研究范式，同时也是教育研究的基本方法和思路。

（一）硬件设施及技术支持是前提和基础

大数据时代，计算机等大型存储设备的升级换代为汉语教学模式的变革奠定了物质基础。海量数据的处理速度和挖掘分析能力得到大幅度提高，尤其是统计分析和机器学习的神经网络建模技术的快速发展，使大数据时代的数据采集更为便捷、数据使用更为广泛、数据处理和分析更加科学和深入。大数据技术作为当前一项新的颠覆性技术，正迅速融入教育、娱乐、金融等各行各业中。教育领域产生的数据越来越多，利用大数据技术和数据挖掘技术深度挖掘有用的数据信息，为大数据驱动汉语教学决策的顺利开展提供参考，对提升教育教学质量，促进学习者的学习绩效有很好的作用。

（二）大数据驱动使汉语教学智能化成为可能

大数据时代，大数据不仅是研究的结果性呈现，而且将作为基本的对象和工具被用于研究过程。大数据时代的数据采集更为便捷，数据使用更为广泛，数据处理和分析更加科学和深入。这些特征都为数据驱动的汉语教学带来了机遇。

大数据技术一般可分为五大类，分别为基础架构支持、数据采集、数据存储、数据计算和展现与交互。基础架构支持主要包括资源监控技术、网络技术、虚拟化技术、云存储以及云计算平台等；数据采集是数据处理的必备条件；数据存储技术在针对海量数据时，一般采用分布式文件系统和分布式数据库的存储方式；数据计算主要有数据查询、统计与分析、数据预测与数据挖掘、图谱处理等；展现与交互主要有图形与报表、可视化工具和增强现实技术。

国际汉语教育因其面向不同的国家教授同一种目的语——汉语，教学数据具有共享性，数据采集、存储、计算以及交互技术也具有共通性。通过国别化数据的采集与存储，可以确保教学内容及时更新，教学目标更加明晰，人才培养目标定位更加准确。

（三）大数据驱动的国际汉语教育模式智能高效

大数据驱动的国际汉语教育模式具有科学化、精准化、智能化和个性化四个主要特征，完全可以解决世界汉语教学的覆盖范围广、师资力量匮乏、语言更新速度慢、学生差异化明显、教学内容单调、教学方法单一的局限性。具体而言，科学化是指这种教学模式需要计算机科学家和语言学家、教育学家的跨学科合作，以科学的和真实的数据为依据，实现线上和线下教学的有效互动。精准化是指通过对本土化语料，对课堂内外、线上和线下的数据采集进行数据的深度挖掘分析，以可视化形式呈现出知识与技能的掌握程度，识别出其存在的不足及缺陷，进行精确化的诊断。智能化是指根据学习者特征及学习进度有针对性地智能推送学习资源。数据驱动的汉语教学模式下，作业的批改和习题测试等练习部分直接由系统自动进行，解决了师资匮乏的问题。个性化是指根据学生学习特征和学习需求，借助智能平台和技术工具实现个性化教学，以满足不同学生的不同学习需求。

在原始数据建立的模型基础上，还可以充分利用便捷的二次数据、派生数据和公共数据，推进原始数据的使用效果。比如，哈佛大学的研究人员依托各类教育媒体，采集并分析与学生学习行为有关的数据，建立学习行为规律和学习成效关系模型，进而利用这些统计结果帮助学生提高学习效率。

总之，大数据科学时代"第四范式"研究方法，不仅在自然科学领域起到了引领和推动作用，也会影响教育领域的变革。国际汉语教育模式只有适应新的科学发展，才能取得更好的效果。因此，要通过本土言语数据获取，建设国别化语料资源库和教学、学生信息库，建立具有深度学习能力的数据信息共享平台和智能教学平台，健全师、生及教育、科学领域专家团队多方互动的评价反馈及学习诊断机制，丰富教学资源，节省教师资源，提高教学效果。

第五节 国际汉语教育中的情感态度渗透

由于教育对象的特殊性和多元性，多数高校的课程设置中并没有针对国际学生的思想政治教育课。但是，在中国求学的时期，正是海外青年人生观、价值观形成和确立的关键时期，此时国际学生的情感态度和价值观教育不容忽视。国际教育的核心目的是培养了解中国并对中国友好的使者，若情感教育不足，一是会影响国际学生的专业学习和文化适应，二是其很难成为中外友好的使者。在以往的国际汉语教育中，很多情况下我们把主要精力放在了知识技能及显性文化教育上，却往往忽略了情感态度、价值观念、思维习惯等隐性因素对学生语言学习的影响，忽略了语言现象背后隐藏的中华民族特有的价值观念和思维习惯。因此，在国际汉语教育中进行情感态度和价值观的教育势在必行。

一、语言学习与情感态度、价值观教育

人类对于语言的学习其实并不是单纯的语言符号和工具性的学习，而是将语言符号和我们的情感表达需要相连接起来的一种过程。语言的学习过程不仅可以获得知识、提高能力，也可以培养情感、建构人格。学生除了在学校安排、教师指导下进行知识学习外，还会从学校的环境布置、学习氛围、校园文化及集体生活中受到影响。这些影响以隐蔽的、潜在的、渗透的方式作用于每个学生，不仅影响着学生的学习，还对学生的个性发展、情感态度及价值观的形成有着重要影响。因此，国际学生的情感教育既要有对一般学生情感教育的内容，其中包括个性成长、心理健康，也要有培养中外友好使者、促进汉语教学的特殊内容，如文化情感教育、地域情感教育、师生情感教育等。从宏观的角度看，语言教学中的情感态度培养，不是靠外部力量强加或教师说教的结果，而是通过语言教学实践与体验活动，学习者经过内化、领悟形成的。

任何教学都具有教育性，国际汉语教育也不例外。语言学科在情感态度教育方面比其他学科更具有得天独厚的优势，它具有弘扬中华传统文化、传播人文精神、开展情感教育的功能。教材中所承载的人文资源，使汉语课堂不仅成为传授知识、提高技能的主渠道，更是进行情感态度渗透、培养国际学生知华、友华、爱华的重要阵地。国际汉语教育的一个重要目的是让学生了解中国，了解中国的历史和文化，为他们将来促进中国和世界其他国家、地区的友好交流与往来活动打下良好的、坚实的基础。为了这一目的的实现，我们应该寓教育于语言教学之中，润物无声，潜移默化地把原汁原味的中国文化客观地呈现给学生，使学生通过学习能动地去比较、理解这一异文化。汉语教学的过程就是帮助学习者了解中华民族的价值观念、培养语言情感、树立人格的过程。

二、国际汉语教育中情感态度与价值观教育的资源形态

国际汉语教育中的情感教育主要是跨文化的情感教育，教育的实施要结合具体的学习内容、针对学生的具体特点来进行，否则很难收到良好的教育效果。有效的情感教育能为中国的国际化发展营造良好的氛围，可以让学生乐于学习并理解接受中国文化，对语言的学习和提高也有促进作用。从存在形态上看，情感态度与价值观教育资源可以分为"显性教育资源"和"隐性教育资源"两大类。

（一）显性教育资源

汉语教科书、汉语读物、汉语工具书等这些文字资源及网络多媒体资源都是显性的语言教学资源，也是显性的情感态度与价值观教育资源。教师可以利用这些教育资源深化和拓展学习者的汉语知识和能力，强化他们的学习动机和情感，逐渐培养学生的情感品德，在潜移默化中促进其人生观、价值观的形成。比如，学习《新实用汉语课本2》第25课"司机开着车送我们到医院"后，教师可以在课后有意安排一个"谈感受"的教学活动，利用课文这些显性语言资源培育学生的关爱意识、乐于助人的情感；通过课文《过新年》的学习，充分展示中国的传统节日和风俗习惯；通过一些成语故事让学生认识一些著名的历史人物，了解有代表性的历史事件，从而培养其积极主动的学习态度；通过课文《这件旗袍比那件漂亮》的学习，培养学生的审美观，学会欣赏中国女性恬静温婉的含蓄美。

教育家赫尔巴特曾经说过："教学的起点在于个性，而其终点则在于德行。"在学生个体成长的过程中，学校教育具有引导学生逐步实现社会化，从个体人转化为社会人的作用。当然，教育不能靠空洞的说教，而是要通过教材内容和教师的行为，在教材文本的感染下，促成学生情感态度的发展与健全人格的塑造。课堂上教师应结合文本作品进行分析，给学生一些人生提示、一些心灵冲击，甚至一些深度的思考，帮助他们完善知识体系和人格，从而开展情感态度和价值观教育。教学实施时要润物细无声，不能生硬牵强，否则只会令学生反感。

学习语言，自然要涉及文化。语言是文化的载体，也是一种特殊的文化现象。因此，国际学生不仅要学习汉语言知识，同时也要学习博大精深的中国文化，深入了解语言背后的文化内涵和精髓。国际学生只有喜欢中国文化，喜欢中国，才有可能架起中外友谊的桥梁。因此，国际汉语教育应设置相关的中国文化和历史课程，定期组织学生参观游览中国各地的人文历史景点，加深学生对中国社会和中国文化的认识了解，潜移默化地让国际学生逐渐接受中国文化、爱上中国文化，以减少隔阂和误解。

（二）隐性教育资源

在教育教学过程中，教师与学生进行交互活动或从事其他活动时，就会对学生产生一些无意识的、不可预料的影响，如教师的态度、上课时的一举一动、一言一行等都会影响学生对语言的学习，也会影响学生人格和个性的发展。因此，教师的信任、理解、关心、

尊重、倾听等，都可以强化学习者的学习动机和情感，皆为一种隐性的情感教育资源。

情感只有通过人的情境体验才能有效获得。据此，教师可以用体验的方式培养学生的情感态度。如教师可以有意安排与学生的生活密切相关或相近的生活情景，让学生感受积极向上、追求美好事物的情感。与学生的生活密切相关的情境才是培育学生情感的土壤。用情感推动情感的策略来使学生获得积极的情感，比晓之以理的方式有效得多。当教师经常向学生传递爱的信息时，一定会激发学生内心的情感。教师对国际学生的情感，其实就是对学生的爱。因此，在国际汉语教育中，教师和学生的关系会直接影响学生的学习态度和情感培养，如若关系和谐融洽，那么就会激发学生的学习积极性，学生的学习和管理及以后的发展就会形成良性循环。因为教师不仅代表自己，还代表着中国形象。教师的言行举止，不仅体现着个人的修养，还体现着中国文明之邦的精神。"亲其师，信其道"，教师只有投入情感才能获得学生的信任，才能换来学生认知水平的提高和情感的升华，学生才会从内心深处真正热爱中国。

三、情感态度渗透与价值观教育的有效途径

任何教学活动的落实，都离不开"三教"：教师、教材、教学方法。三者中最重要的还是教师，因为教材的质量、教学方法的选择都取决于教师的教学理念，而教师的教学理念则来自教师的基本素养和专业素质。

（一）汉语教师

情感具有情境性，因此，情感态度与价值观的实现离不开课堂教学实践。教师是用一支粉笔撬动整个课堂的人，是课堂教学活动的灵魂。教师既是课堂教学活动的设计者，又是课堂教学活动的实施者。汉语教师不仅是课堂艺术的创造者，而且是国际学生精神世界的引领人。汉语教师的教学对象虽然是来自世界各地的国际学生，但教书育人的根本任务没有改变。汉语教师要结合教学环境、教学对象及教学内容的实际，适时地向国际学生进行情感态度及价值观教育。

课堂上，教师的言谈举止、教师对教学活动的组织安排、教师对课堂突发问题的处理与管理等，都会对国际学生的情感态度造成影响。如果课堂上教师精力充沛、技巧娴熟、充满热情和激情，那么学生也会产生情感共鸣。教师的工作态度、教学能力和对学生的关爱、信任，能让学生从内心深处对汉语教师产生好感，其学习的积极性和主动性就会油然而生。因此，学生情感态度的形成是教师情感态度推动下的产物，是情感唤醒情感的过程。教师的情感态度影响着学生的情感态度，教师在用无形的感召力影响着学生、感化着学生。

教师除了要在个人职业发展中培养积极的情感因素，还要努力提升自身的教育素养，以创建情意课堂，在课堂上做好情感渗透，懂得"爱"的艺术，与学生产生心与心的交流，唤醒学生的主体情感，不断培育师生感情，唯有如此，情感态度渗透与价值观教育的目标才能更容易实现。在国际汉语教育中，汉语教师要通过观察，及时了解学生的情绪动态，

了解他们的态度与情感倾向，逐步引导学生，使他们拥有积极的情感体验，进而顺利地实现情感态度渗透与价值观教育的目标。

（二）汉语教材

汉语教材中负载着情感态度与价值观的有关信息，教材中的语言文字蕴含着深厚的民族情感，是人文精华的浓缩与集中。汉语教师和国际学生可以通过教材文本促进彼此共同价值观的生成。

国际汉语教教材中不同的课文预设了不同的价值观内容，合理利用这些内容可以促进学生的个人发展。例如，教材文本中体现的关于人生的价值观可以让学生理解人生的价值和生命的意义，在面对挫折和困难时能做出明智的选择；教材中传递的生命价值观则可以引导学生思考对生命的感悟，了解生命的价值，从而知道珍惜生命、热爱生活；教材中呈现的自我价值观可以让学生学会自强自立、自尊自爱，能正确认识自我、完善自我，进一步实现自我、超越自我。汉语教材更是传递审美价值观的最佳载体，汉字的形体美，汉语的韵律美，中国建筑的对称和谐美等，都可以让学生通过教材文本感受中国文化不同形式的美。

汉语教材具有很强的人文特性，知识、文化、情感、态度等紧密联系在一起，对学生的思想行为、情感态度、价值观等方面的培养起着潜移默化的作用。因此，汉语教材编写者在选材及编著时一定要有这方面的意识，让学生在感受中华文化的同时，也能培养其积极健康的情感态度，塑造其健全高尚的人格，从而成为知华、友华、爱华的国际人士。

（三）教学方法

教师在教学之前一定要深入解读、挖掘教材文本的丰富内涵。在教学过程中，教师不要急于把自己对文本的一些体验直接告诉学生，不能把学生拉到自己的情感体验轨道上来。学生个性化的情感与作者在文本中的情感有时会有一定差距，毕竟学生的成长环境与文化背景不同于教材文本作者或者汉语教师，尤其是在跨文化状态下。这时教师要引导学生感受与体验课文作者的情感，引导学生说出自己读文章时的情感体验，让学生的情感体验与文本中的情感有机结合起来，推进学生在学习过程中沿着自己的已有体验形成情感连续变化，情感体验逐层递进，使学生对课文情感的体验从课前、课中到课后呈现为内在递升的情感连续过程。

教师可以结合学生的特点和具体情况，开展丰富多彩、形式多样的课外实践体验活动作为课堂教学的延伸和补充。课外活动也是进行情感态度渗透及价值观教育的有效途径，如举办国际文化节、中文歌曲演唱会、诗歌朗诵比赛、成语故事表演、情景剧等活动，可以加深国际学生对中国人及中国社会的了解。教师可以利用具体可感的现代教育技术进行教学，使学生能具体形象地感受中国河山的秀美、语言的优美、人民的善美，等等。这样，不但可以极大地激发学生学习汉语的兴趣，而且在多媒体所营造的特定语境之中，更容易激发他们对中国的热爱之情。如《中国微镜头》系列教材针对视频材料设计了丰富的、以学生为中心的任务活动，并注重课堂教学与社会实践相结合。其中的视听素材选自当代中国社会热点、专题片、新闻、生活情景剧、访谈、娱乐节目、微电影、广告、歌曲等，主要涵盖社会、经济、文化、教育、生活、爱情、艺术等多个主题，这样可以为课堂注入新鲜的活力，激发学生的学习兴趣。通过生动活泼的见闻故事、声情并茂的多媒体展示，使学生了解中华民族的伟大历程、光辉史路及快速崛起的事实，不仅可以让学生感受中外文化的差异，还能逐渐消除他们对中国的误解与偏见，使其真正做到知华、友华。

在国际汉语教育中进行情感态度培养和价值观教育，是我们目前所探索的新课题，在此过程中也存在一些困惑。

第一，情感态度的培养与价值观的形成需要时间。在教材文本内容的教学进行之后，学生也许未必会产生我们所期待的情感体验或者短期内没有出现我们所期望的效果。教学教育的目的达到与否，往往需要通过一定的时间来检验和反馈。另外，情感态度培养与价值观属于非智力因素，其形成需要一定的过程，非一朝一夕所为。学生如何学习、如何认知，对课堂教学的输入是否有情感过滤等，都将直接影响汉语教学中情感态度渗透与价值观教育的落实情况。

第二，隐性目的（潜目的）具有不可测量性。在国际汉语教育中知识技能的教学是显性目的（明目的），而情感态度培养与价值观教育则是隐性目的（潜目的），要达到这个隐性目的，还有许多非教学因素的影响，如国情之大环境、世界之大趋势等，远非仅某一教师、某一学校力所能及的。因此，这个目的具有不可测量性。

第三，情感态度与价值观的评价还没有具体的量化指标。目前我们只能从国际学生的交际态度、交际自信度和文明度等若干方面进行考察，具体的评价方式还有待进一步研究。

第六节　国际汉语教育中的文化因素导入

随着中国综合国力的不断提升，中国在世界舞台上发挥着越来越举足轻重的作用。特别是"一带一路"倡议提出以来，中国的朋友圈不断扩大，关于中国文化要"走出去"的呼声也越来越高。作为中国文化软实力建设的重要一环，汉语国际推广事业日益受到文化教育界众多专家学者的关注，从事国际汉语教育的师资队伍也越来越大，孔子学院在全球范围内遍地开花。文化教学作为国际汉语教育不可分割的组成部分，其重要性已在学界达成共识。目前学界关于文化教学的讨论，大致涵盖以下几个方面的内容：一是对语言和文化关系的认识，如认为语言是一种特殊的文化，语言和文化是部分与整体的关系；二是对文化教学的划分，如交际文化和知识文化，文化知识教学和文化因素教学等；三是对文化教学内容的探讨，如文化行为项目和文化心理项目，语言交际文化和非语言交际文化，语构文化、语义文化和语用文化，陈述性文化知识和程序性文化知识等；四是关于文化导入的方式原则问题，如赵贤州提出的四个原则、陈光磊总结的四种思路等。本节认为，国际汉语教育里的文化教学应从属于语言教学这条主线，是"文化因素"的教学，语言教学始终处于主导地位。在此基础上，本节探讨文化因素的五种具体导入方式，抛砖引玉，希望能引起国际汉语教师对文化因素导入问题的重视，亦可为教师提供些许借鉴。

一、文化因素的界定

"文化因素"与"文化"是两个既相互联系又有所区别的概念。既然国际汉语教育属于外语教学，或者说第二语言教学的范畴，那么其中的文化教学只能是"文化因素"的教学。这样，对"文化因素"的定义就可以限制在一定的范围内，以避免空泛。语言理解和表达中的文化因素和语言本身不是分离的，而恰恰要通过语音、词汇、句法、语用等形式表现出来。汉语作为世界上一种古老的语言，在不断前进的历史长河中，附着了以汉族为主体的中华民族在价值取向、是非评判、道德标准、思维模式、审美观念、风俗习惯乃至衣食住行、生活情趣等方面独特而丰富的文化内涵。这些就是国际汉语教育中需要阐明的"文化因素"，它们常常制约着外国学习者对汉语的理解、表达和运用。所以，在国际汉语教育过程中，如果教师把全部精力都投入对语音的操练和纠错、对词汇意义的讲解和对语法结构的剖析中，而忽视对汉语中浸润的文化因素的揭示，那么外国学习者的第二语言学习就很可能出现"石化"现象，在与中国人交际时就会出现很多问题。因为母语表达常常是语块式输出的，外国人若不知晓受文化因素制约的表达范式和表达习惯，就容易造成误解甚至冲突。文化因素无处不在，又有很大的分散性，因此很难对其进行系统化的教学，这就需要教师在教学过程中不断地做跨文化的对比，适时巧妙地将文化因素的教学融入语言教学当中。

二、语言教学中文化因素的导入方式

文化因素是"隐含在语言的词汇系统、语法系统和语用系统中"的。重视文化因素导入的汉语教师往往善于思考、勤于尝试，在这方面积累的经验会越来越丰富，逐渐地便能做到悄无声息，"润物细无声"，从而将学生对汉语的掌握引入文化意识深层，增强其对中华民族思维特征、道德心理等方面的体会和认识。可以说，汉语国际推广不单是一个语言的问题，更是一个文化的问题，汉语国际推广的工作中心也正从"请进来"逐渐向"走出去"转变。作为国际汉语教师，当然应优先介绍中华民族共通的文化中精华的部分，还要能准确地锁定学生母语文化与中华文化发生碰撞之处，及时阐释，以促进学生用汉语组织语言和自然交际的能力。教师导入文化因素的方式不拘一格，以下主要从五个方面进行探讨：

（一）在字词教学中导入文化因素

汉字是记录汉语的符号，充分体现了中国民族的聪明才智。许多汉字中都蕴藏着丰富的文化内涵。比如，"中"这个字左右结构对称，既体现了中国传统的美学观，又可从中窥探出儒家思想讲究"中庸"、不偏不倚的特征。又如，"忍"字，从构造上看是"心上有刀"，显然算不得好的感受。中国人遇事忍让一是因为讲究"和为贵"。只要不是原则或底线问题，大多数人都愿意用和平的方式化解矛盾，而不是"兵戎相见"。再比如，"好汉不吃眼前亏"，当双方实力不对等时，选择有策略地退让，以使自己免受伤害。另外从磨炼心性考虑。连一些人际交往中的小摩擦都忍受不了，如何做得了大事呢！外国学习者意识到中国人对于"忍"的修养源于其内心对和谐的追求，就不会随便笑话中国人温顺、软弱了。

汉字与中国古代制度文化的关系亦可从其构型理据上体现。如秦汉以前，贝壳曾作为市场流通货币之一，《诗经》里就有"既见君子，锡我百朋"这样的语句。"百朋"即为五百个贝壳。现代汉语里许多以贝为形符的字都跟钱财有关，如财、货、贡、赏、赐、贸等，从中依稀可见中国古代的货币制度。汉字还反映了古代的一些重要民俗，如商周时期的傩戏表演。甲骨文"鬼"字是一个方头人身模样，且头明显大于身体，就像一个人戴着面具。甲骨文"畏"字看上去如一个鬼面人手举一根长棍做唬人状。通过对甲骨上这类字形的研究，专家便能推测出殷商时期着面具驱鬼攘灾的巫术活动相当盛行。此外，从汉语词汇中也能看出中华民族数千年流行的某些文化现象。如中国的"龙文化"内涵就非常丰富。西方文化里也有龙，是一种背生双翅能吐火的怪物，与中国文化里的"龙"不可同日而语。"中国龙"最早产生于中国古代神话，它以雨水滋润万物，让人类得以耕种和繁衍。因此，古代百姓常备祭品祈雨，以求风调雨顺、五谷丰登。"龙"于是成了神通广大、护佑万民的象征，渐渐成了中华民族的图腾，"龙的传人"就此出现。基于百姓对"龙"的崇拜，中国封建社会的皇帝还自称"真龙天子"，以示皇权正统和威严。类似的词还有"凤"，传说中是一种神鸟，为百鸟之王。后来人们便将"龙""凤"视为至尊至贵的象征，中国的家长"望子成龙""望女成凤"，寓意便由此而来。汉语中还有些表示幸福吉祥的词语，充分反映了中国人内心的美好诉求。如"牡丹"代表富贵、"竹报"表示平安、"鸳鸯"象征爱情甜蜜、"松鹤"意寓益寿延年。结婚时张贴的大红"囍"字则代表了人们对美满婚姻的良好祝愿。

（二）在熟语教学中诠释文化因素

汉语里的熟语包括成语、谚语、惯用语等，都是经过长期的历史积淀形成的，充分反映了中国人的民族传统、思想观念、价值观念和生产生活经验等，蕴含着丰富的文化信息。外国学生在学习汉语的过程中会遇到不少四字成语，有时从字面上不好解释，这时就要向他们介绍这些成语的历史来源，因为一个成语往往就代表一个历史典故。学生了解了一个成语的出处，才能把握住这个成语的真正含义和用法。比如看到"胸有成竹"，外国学生会想："胸中怎么会有竹子呢？"看到"不毛之地"，学生会觉得是"没有毛发的地方"；看到"画蛇添足"，学生会纳闷："为什么要给蛇画一只脚呢？"这就是由于缺乏相关文化背景知识及其引申义造成的。还有一些非四字成语如"闭门羹""欲速则不达""五十步笑百步""醉翁之意不在酒"等，反映了中国人在看待事物发展及处理人际关系时的心理特征，富含哲理。谚语是广泛流传于人民群众中的通俗易懂的短句，大多是口语性的。如

"今冬麦盖三层被，来年枕着馒头睡"反映了中国传统农业的实践经验；"一九二九不出手，三九四九冰上走"蕴藏着中国特有的节气知识；"路遥知马力，日久见人心"阐释了中国人为人处世的道理。惯用语富含浓厚的生活气息，在日常交际中经常能听到。例如，"破天荒""活见鬼"等蕴含着历史文化色彩；"后遗症""热门货"等具有专业文化知识色彩；"倒插门""妻管严"等含有婚姻文化色彩。又如"小意思""见面礼"背后潜藏着礼仪文化；"父母官""铁哥们"的称呼揭示着称谓文化。外国学生在学习汉语里熟语的时候，可以与本民族文化中具有相同或相近意义的俗语、格言、警句等做比较，这样能加深对汉语熟语的理解，促进第二语言习得。

（三）通过谐音现象揭示文化因素

汉语里有很多谐音现象，也算作一种修辞手法。它利用不同词语读音的相似性，通过联想来传递说话者真正想表达的意思。这不仅是一种语言现象，而且与汉民族独特的民俗和心态文化息息相关。中国人对大吉大利的追求很多情况下都可通过谐音来表达。比如，中国人对数字"八"的喜爱简直到了痴迷的地步，电话号码、车牌号里"八"越多越好。因为"八"与"发"音近，"八"越多意味着以后会越"发"，越有钱，越能大富大贵。春节的时候，中国人都喜欢贴"福"字，不少人家会倒着贴"福"，因为"倒福"预示着"福到了"。小孩子失手打碎了盘碗，父母也不会苛责，因为"碎碎（岁岁）平安"嘛！还有中国传统的年画图案，喜鹊停留在梅花上意味着"喜上梅（眉）梢"；鱼儿嬉戏在莲叶间意味着"莲（连）年有鱼（余）"，如此种种都体现了人们对幸福生活的美好祈盼。中国民俗中的谐音现象也不少。比如，有的地区的传统婚礼，新娘被花轿抬到夫家后却不能立马进门，而要先跳过一个火盆，这样小夫妻以后的日子才能过得"红红火火"。有时新娘还要跃上一个象征性的"马鞍"，再咬上一口苹果，预示着"平平安安"。洞房的婚床上撒着红枣、花生、桂圆、莲子，是亲朋祝福新婚夫妻恩爱和谐，早（枣）生贵（桂）子。汉语里一些谐音类的歇后语具有鲜明的民族特色，风趣幽默。如"猪鼻子里插大葱——装象（像）""孔夫子搬家——净是书（输）"等。像"竹筒倒豆子——直来直去""小葱拌豆腐——一青（清）二白"等歇后语还寄寓着人们对某种人格品性的描述或追求。汉语里也有很多表示忌讳的谐音，如在某些喜庆的场合对礼物的选择就有不少讲究。结婚礼物送"伞"，老人过生日时送"钟"都非常不合适，因为"送伞"音同"送散"，"送钟"音同"送终"。前者是祝别人好好的夫妻"早日散伙儿"，后者是咒老人家"早上西天"，不仅不吉利，反而充满晦气，甚至恶毒的意味。过年期间人们说话会尽量避开跟"死、完、光、离、输"音同或音近的字眼，人们觉得在一年中最美好的日子里跟这些字沾上都会带来厄运，所以能躲则躲。随着社会的发展和大众精神生活的日益丰富，人们还发明了很多新的谐音现象以寄予美好、友善、积极向上的寓意。如现在的家长都对孩子的教育相当重视，一些家长在孩子开学时会特意准备"青葱＋菱角＋李子"礼包，为的是讨个"聪明伶俐"的好彩头！若是赶上孩子高考，一些父母还会在服装搭配上下一番功夫。爸爸要穿一身马褂寓意"马到成功",妈妈要穿一身旗袍寓意"旗开得胜"。谐音修辞生动体现了中华民族的民风民俗,对外国人了解汉民族的思维心理大有裨益。

(四)通过同事交流和课堂讨论阐明文化因素

国际汉语教师在与外方师生交流时,若发现对方由于文化差异问题出现语言理解和表达上的偏差,可以不急于纠正,而是先善意提醒,再逐步引导,通过自然的讨论揭开文化的面纱。如作者在泰国任教时,办公室一位年轻的泰国姑娘突然说:"老师,我来月经了!"让人颇有点不好意思。她说这话之前还特意查了词典,意思当然表达得很清楚,却不符合当今绝大多数中国女生的表达习惯。中国女生在日常生活中对一些涉及生理现象的敏感词语,出于委婉和文雅的需要,往往会用别的表达方式替代。特别是在异性面前,更是由于"男女有别"的传统观念,表述更加谨慎,一般都不会直接说出这类词语。作者稍作镇定,称赞她学会了一个新词,同时也提醒她这个词是专业术语,中国女生一般很少直接说出这个词。她听后也很吃惊,马上向作者请教其他表达法。这件事一定让她体会到了民族思维、心理等深层因素对语言使用的影响。

在课堂教学中,调动学生、鼓励学生开展头脑风暴,运用他们所了解到的一切关于中国的知识去解释遇到的文化障碍,不仅能激发学生的好奇心,让他们积极探索这背后的文化因素,同时还能锻炼他们的语言表达能力。为使讨论深入,教师甚至可以鼓励学生在用汉语表达的时候夹杂使用少量媒介语,教师再把这些媒介语翻译成汉语告诉学生。通过学生的集体讨论,尽管大家的观点可能不尽一致,但大家都切切实实感受到了文化因素的存在和影响。最后,教师可以做一个针对性的总结,告诉学生正确的文化阐释,这样学生的印象就比较深刻了。比如,北京语言大学出版社出版的《发展汉语(第二版)中级综合Ⅰ》(上)第一课《北京的四季》里出现了一个词"心儿里美",指的是一种"白皮红心"的萝卜,可是作者所教的土库曼学生就不太理解。学生质疑"心儿里美"与萝卜的关系,因为"心儿里美"通常与人建立联系,而"萝卜"是没有生命的。作者就鼓励学生根据这种萝卜的特点,大胆联想其与人的性格、品质的关系。于是学生说"有的人像萝卜,外面是白的,里面是红的!""有的人看起来是冷的,可是心很热情!""有的很好的人,但陌生人误会。""人的外表和里面真不一样!"大家七嘴八舌,气氛轻松愉快,连平时不怎么发言的人都参与了进来。教师不断地点头对学生表示肯定,最后告诉学生可以把"心儿里美"简单看作一个名字,也可以当作一种修辞手法,充分体现了作者对这种萝卜的喜爱。中国人经常把形容人的词语借用到事物上,以寄予某种情感。不仅北京人喜欢"心儿里美"的人,中国其他任何地方的人都喜欢。在美学层面,相对于西方人对美的外在形态的看重,中国人更注重美的内在品格。于是汉语里出现了不少对一个人内在的美好品质表示赞赏的词语,如"厚德载物""怀瑾握瑜""蕙心兰质"等。汉语里还有一些植根于中国深厚的文化土壤,被赋予特殊文化内涵的普通植物名词,如松、竹、梅花、兰花、菊花、莲花等,在很多文学作品中都被人格化,代表了正直、坚贞、纯洁、不畏艰难、不从俗流等诸多高贵的品质。这也是中国人习惯将外在美升华为内在美，将形象美升华为抽象美的极好例证。学生听了老师对"中国美"的阐释，以后遇到类似的文化现象，理解起来就容易很多。

（五）通过歌曲教学传递文化因素

在国际汉语教育中，汉语歌曲在吸引学生兴趣、营造轻松愉悦的教学氛围方面起着不容忽视的作用。随着互联网技术的发展，通过网络倾听学唱不同语言、不同民族、风格迥异的歌曲成为再容易不过的事。近几年在全世界流行的韩国歌曲《江南Style》、西班牙歌曲 Despacito 都在某种程度上扩大了韩语和西班牙语的国际影响力。汉语作为联合国六种工作语言之一和全世界使用人口最多的语言，也可以借鉴这种文化传播模式。据作者所知，不少汉语歌曲已经走出了国门，在世界上一些国家和地区产生了一定的影响，为当地汉语学习者或对中国文化感兴趣者所喜欢。特别是东南亚地区，由于华人华侨众多，中华文化的影响力明显。一些在泰国流行的汉语歌曲如《甜蜜蜜》《月亮代表我的心》《上海滩》等，不仅汉语学习者会唱，很多普通民众也能哼唱几句。当学过周杰伦的《发如雪》后，有学生问"为什么中国人的爱情都跟月亮有关"。因为《发如雪》里有"爱在月光下完美"这样的句子，再跟"你问我爱你有多深，月亮代表我的心"相联系，一些对中国文化兴趣浓厚的学生难免有此疑问。这就要解释在中国古典文化里月亮所代表的意象。在月亮的众多意象中，表达"思念和爱情"的意象占有重要地位。李白的《月下独酌》、苏轼的《水调歌头·明月几时有》都是表达对远方亲人的思念之情，而张九龄《望月怀远》和欧阳修《生查子·元夕》中的月亮则与爱情有密切的关联。学生有疑问就是因为缺乏中国文化里月亮和爱情之间联系的文化背景知识。这种情况作者在土库曼斯坦任教时就遇到了。当时作者录了一首《熏香的月亮》放给学生听，还准备了歌词。这首歌是前两年在国内比较火的一首网络爱情歌曲。学生听了都觉得旋律优美、感情真挚，纷纷表示要学会它。可是在学习过程中，就有一男生提出了"月亮与爱情"关系的问题。因为"月亮"在歌词中出现了很多次，而且"熏香的月亮，美丽的姑娘""熏香的月亮，美丽的新娘"反复吟唱，从形式上固化了两者的联系。作者对学生的问题表示肯定，也启发其他学生思考，最后又做了一番解释。学生对中国文化里月亮与爱情关系的认识和感触更深了。类似的歌曲还有王菲的《红豆》，也涉及"红豆"表示"相思与爱情"的文化意义。教师在教唱中国歌曲的过程中，通过一些问题启发学生思考蕴含在歌词中的文化因素，不仅能加强他们对歌曲的理解，还能让学唱过程不那么死板、机械，最重要的就是向学生传递了文化意识，这种意识有助于他们第二语言的学习。

国际汉语教育中文化因素的介绍，针对不同的学习人群，在不同的教学阶段都应该有一个量与度的规范，这样文化因素的导入才能更加科学。语言与文化的不可分割性决定了语言学习的同时必须掌握与该语言有关的文化知识，但这是一个渐进的过程，教师在这个过程中起着至关重要的作用。随着中国文化"走出去"步伐的不断加快，广大的国际汉语教师更要坚定"文化自信"，开阔眼界，具备跨文化意识，培养学生对有差异的文化符号的敏感性，让其真正学会汉语，从而为世界各国各民族搭建联通中国的友谊之桥，同时也为构建和谐的国际社会献出一份光和热。

第七节　职业院校国际汉语教育策略

随着中国与国际社会的交流，汉语在国际活动中的重要性愈发突出，大量的来华留学生选择到中国职业院校进行学习和进修，这对我国的对外汉语教学和职业教育提出了新的要求。面对国际市场的需求，彰显职业性成为目前国际汉语教育最显著的特点，结合汉语教学的行业技能培训成为时下汉语热的新趋势。本节就我国职业技能院校自身优势和教育特点，探讨更具职业特色的国际汉语教育策略。

一、职业类汉语教学需求

一直以来，国际事务交流活动使用最为广泛的都是英语，为了培养国际化职业人才，我国的职业院校大多都设置有与经济贸易、国际商务相关的英语类专业，此外，其他行业类英语专业也层出不穷，如旅游英语、酒店英语、计算机英语、秘书英语、会计英语，等等。随着我国社会经济的发展，"一带一路"倡议的实施和深入，各行各业全球化进程的加快，在日趋紧密的国际事务交流中，汉语的作用与重要性日益增强，据教育部 2018 年的统计，来华留学生逾 49 万人，且所选专业中，文科类占总人数的 48.45%，理工科及艺术类增幅也超过 20%。随着东盟经济的发展，中国与东盟周边国家的深入合作，泰国、印尼等纷纷来华学习高铁、轨道交通等技术；泰国、越南、老挝、马来西亚等国在国际经济与贸易、工商管理、旅游管理等方面对汉语的需求已超过了英语。此外，土木工程、机械工程、资源环境等专业也深受东盟留学生的青睐。中国的职业院校积极响应"一带一路"倡议中教育合作行动，与周边国家互助互利、交流经验、创新理念，通过职业教育培养行业人才，组建技术队伍，共同推动经济的合作与发展。

中国在国际上的政治、经济、文化活动日益频繁，交流合作不断深化，直接影响着教育领域。国力的增强，使得汉语成为技术输出和文化输出的重要工具，外国人学习汉语的目的已不仅仅是出于兴趣了解或从事外交活动，汉语在国际活动中的重要性愈发突出，这对我国的对外汉语教学和职业教育提出了新的要求。面对国际市场的需求，彰显职业性成为目前国际汉语教学最显著的特点，结合汉语教学的行业技能培训成为时下汉语热的新趋势。于此方面，我国的职业技能院校有着自身的优势和教育特点，越来越多的职业院校拥有招收国际学生的资格，并面向来华留学生开设了各类语言课程和专业课程。

二、职业院校国际汉语教育情况

关于国际汉语教育模式，常见的有两种："日常生活汉语＋专门用途汉语"模式，该模式以语言教学为主，配合一般商务场合下的交际用语内容，较适合于短期汉语培训或选修类汉语语言课程；"汉语语言＋专业课程"模式，除了语言类教程，还配合有经济学、国际贸易实务等经贸类专业课程，适合于专业系统学习。我国职业院校的对外汉语教育基本上也沿袭本科类院校的这两种教学模式，但是在实际操作当中，由于留学生生源和学习需求的不同，也必须进行相应的改进，或是建立更符合职业特色的对外汉语教学模式。目前，职业院校中的对外汉语教学大多面临如下情况：

（一）来华留学生生源状况

一般选择中国职业院校留学的国际学生分为以下几种情况：未在本国进行过本科学习的高中毕业生，选择到中国职业院校进行为期半年或一年的汉语培训后，再通过语言考试申请中国的其他本科院校进行专业学习；或是在语言学习结束后，进入职业院校的相关专业进行学习，同时进行汉语课程的巩固；还有一类，属于成年社会人士，选择到中国职业院校学习特色专业；再有，就是国外的企业机构通过合作项目，选派员工到中国职业院校进行中短期的语言、文化、技术方面的集中培训。国际学生情况不同，水平不一，在数量上也有多有少，有的职业院校出于教学资源均匀分配的考虑，将不同需求的留学生归为一个自然班进行统一教学，或是简单地分为初级、中级班教学，导致最终的教学效果不是太理想。

第一种情况学习周期较短，主要是对汉语语言交际方面的学习需求；第二种与第一种情况类似，不同之处在于后续的专业学习继续在职业院校中进行，专业课程与中国学生一同进行，就必须保证其汉语水平能够理解相关专业知识；第三种情况的留学生大多在本国接受过高等教育，或有相关工作经历，对汉语的使用有明确的目的，希望通过汉语掌握领域知识和技能，或了解其专业在中国的状况；第四种属于合作教学项目或援外项目，学习周期短，多配合以考察、实训等项目，以技术技能学习为主，对专门用途汉语的需求更为迫切。

（二）职业院校中的国际汉语师资队伍

职业院校一般有两类师资，公共基础课教师与专业教师，基本上很少有国际汉语专业的教师。负责国际汉语教育的师资构成有：专业英语类教师、公共基础课中的语文教师、临时外聘的教师等。普遍做法是：将汉语语言课程和专业课程分开，汉语课的教师负责教授汉语语言知识和日常交际的应用汉语，对行业内的专门用途汉语（如市场营销、货运业务、电子商务、交通技术、中医药、农工业等）不涉及，或仅涉及一般用途的商务汉语（商务接待、洽谈、差旅等）；专业课程则由专业教师负责。而有的留学生可能在本国进修过相关专业，有一定行业知识基础，这类学生上专业课问题不大，但对于通过汉语首次接触技能专业课的留学生而言，教学障碍和沟通障碍立刻就显现出来了。在我国职业院校的师资中，又以职业技能专业教师为主体，本身汉语课教师就不多，一方面，基础课教师不了解专业知识；另一方面，职业技能专业教师不了解对外汉语教学技巧和汉语理论知识。随着中国职业教育的国际化发展势头迅猛，大量的留学生进入中高职院校学习，仅靠"语言课教师＋专业课教师"组合的队伍定是不利于教学发展的。职业院校想要继续发展国际教学合作项目，势必需要建立符合职业特色的复合型国际汉语师资队伍。

（三）关于职业汉语教学材料和内容的选取

专门用途汉语课程如商务汉语、旅游汉语、中医汉语、科技汉语，等等，在此以商务类汉语为典型。北京语言大学在 1996 年就设立了经贸汉语方向，并逐步建立了各类交叉课程，包括基础汉语听说读写课程和各类国际贸易、经济管理等专业课程。各高校及教育培训机构也开发出了各类商务汉语教材和参考书籍，并陆续进行了各类版本上的更新，如北京大学出版社的商务汉语教材《基础实用商务汉语》《商务汉语入门》《商务汉语提高》《商务汉语拓展》《公司汉语》，外语科学与研究出版社的"汉语 101"系列《商务汉语 101》以及《经理人汉语》系列教程，华语科学出版社的"商贸汉语"系列教材，高等教育出版社的体验汉语系列《体验汉语：商务篇》等等，包括国家汉办专门为商务汉语考试指定的《BCT 标准教程》系列参考教材。

基本上，商务汉语教材均在掌握日常汉语水平的基础上，以一般商务用途汉语如商务交际、商务洽谈、办公室活动等作为基本内容，然后对经济事务、国际贸易等相关商业活动内容进行拓展，主要包含公司业务、商务谈判、市场营销、人力资源管理、企业管理、投资考察、生产研发等方面。就经贸、管理等专业而言，商务汉语是建设得较早的课程，但在实际运用中还是存在各种问题。在教学过程中，学生通过初级汉语的学习，能够掌握一般用途的商务汉语并进行交际，但再深入商务谈判、询盘报价等环节，语言、文化上的差异就会影响整体教学效果，所以，职业汉语课程还不能仅停留在掌握场合语言的使用上。加上行业信息的不断更新，有的教材内容已不太适用。由于教学周期、教学需求、来华学生生源的不同，职业院校在选取教学内容时也不能照搬本科院校或培训机构的国际汉语教材。

三、职业院校国际汉语教育策略

（一）交际法结合以工作为导向的任务式教学

交际教学法，即运用目的语进行一系列交流后达到沟通效果，从而掌握汉语语言的运用功能。职业院校中的留学生不同于本科院校，其首要目的即是使用汉语达成有效沟通，而非研究汉语语言形式，尤其是短期语言技能培训，所以，交际法更适合于职业院校的国际汉语教育且符合职业化汉语教学的特点。交际需要有特定的情景，来华留学生本身就处在目的语环境下，有充足的交际空间，结合任务式教学方法，使学生在模拟的或者现实的工作过程中掌握语言技能，通过课堂情景模拟实验，再到课下实战应用，可有助于留学生汉语交际能力的提升和巩固。

教学中还需要注意以下两个方面：

（1）避免只重视于交流沟通功能，忽略汉语词汇、语法的教学。语言的有效沟通必须建立在掌握一定词汇、语法的基础上。但如果教师运用大量的课堂时间对词汇、语法进行讲解，又会回归到传统点对点教授上，不符合交际法的初衷，所以，学生自主预习应为前提，这也属于任务的一个环节，可借鉴翻转课堂教学。对汉语语法的教学更是应该贯穿在交际任务当中，有人或许认为只要能够通过猜测理解意义，汉语某些表达上的错误（如语序不当、语体混用）无伤大碍，但是如果在初期不及时纠正，会使得有的留学生误认为汉语语法、语体的效果不会影响交流，这不利于后期进一步学习和巩固。因此，以交际任务为中心的课堂，即使避免直接纠错，也应该是运用一定的交际策略配合任务环节，及时进行调整改进的过程。

（2）避免只重视口头交际，往往忽略文字交际。这需要区分教学对象，如果是短期集中的口语训练，那么课堂内容可以汉语口语、听力交际为主；如果是系统化的语言学习，那么文字交际也应作为交际法教学的内容。同样，对汉字的记忆和练习也应当作为留学生的预习任务，课堂上则针对语句应用进行训练。职业院校的汉语文字交际训练可根据各专业特点，选择应用性文体作为任务，如商务活动的工作便条、请假条、电子邮件等，除了书写工具外，还可利用各类网络沟通工具，将文字交流与口头交流相结合，如微信、微博、抖音、快手短视频等，均可作为综合交际展示的平台。

（二）融入中国当代文化的内容教学和体验式教学

有效沟通的达成需要解决文化差异带来的沟通障碍，因此，培养跨文化能力是第二语言教学中的重要环节，跨文化能力的要求主要体现在跨文化交际和跨文化适应能力方面，两者相辅相成。根据金荣渊的理论，跨文化交际和适应是一种动态的积极响应新文化并提升文化能力的文化适应过程，是"主动学习异文化的各种各样的东西以便能使自己成为其中一员的过程"（《跨文化能力：交际与跨文化适应的综合理论》）。语言交际和非语言交际，都应当体现在汉语教学当中。不少院校都设置有中国传统文化、中国传统礼仪、中国社会经济等课程，这类课程更适合于中高级水平的留学生，初级阶段的留学生接受难度较大。特别是中国传统文化，主要涉及文史哲等方面，有的留学生会认为"古"而"旧"，难以理解其文化内涵，更不明白于实际生活和工作有什么实用性质，从而失去兴趣。那么是不是初级阶段就无须设立中国文化课程了呢？然而，正因为留学生处于汉语学习的初级阶段，更需要积极进行文化沟通、文化适应。

职业院校的中国文化教学应当与语言教学、专业内容相融合，且面向国际学生的中国文化也不仅限于历史文化、民族文化，应结合实用性，宣传当代中国社会各行各业的文化。如问候、介绍、送礼、请客等环节，可融入中国社会规范和礼仪；团队合作、工作沟通、客户服务、会议组织、商务谈判等，可融入中国企业文化。体验式文化教学也不仅限于包粽子饺子、剪纸、参观博物馆，可考虑设置更职业化的任务，如组织公司年会、新店开业、节庆主题促销活动，等等。此外，中国校园文化、网络文化、影视文化、新媒体文化也应当纳入文化教学的内容当中，寻找与行业有关的文化热点，配合专业内容与语言教学，这样才能激起留学生主动学习的兴趣，并且对他们跨文化适应能力的培养更为有效。在此基础上，还应当培养文化创新能力，外语教学3P文化理论中有"文化产品"一项，可设置相应任务，如比较中国与其他国家同类产品的宣传标语、设计公司logo、开发设计纪念品等，通过文化比较和创新活动，激发留学生的创意思维，也能达到弘扬中国文化、促进世界文化交融的效果。

（三）教学内容突出职业化特点，学科交叉成趋势

中国的职业院校要吸引更多的国际合作项目和国际留学生，就不能只停留在汉语语言技能的培训上，而是要突出职业特点，突出行业特色，也不能仅依靠"语言课程 + 专业课程"的组合。开发教学内容的方法有：参考职业外语教学的模式，如跨境电商英语、酒店英语、秘书英语、物流英语等，作为第二语言的职业汉语内容也可根据教学需求进行融合；借鉴现有通用的汉语教材，结合相关专业，开发校本教材，通过开设特色课程，形成口碑，针对国际学生开设的专业课，也有区别于本国学生的专业课，并非单纯地使用汉语讲授专业知识，可进行中外产业比较的探讨；采集国内国外企业案例进行分析比较，使国际学生在学习专业知识的同时锻炼汉语综合能力；进行国际市场和企业调查，找寻国际汉语人才需求热点，突破传统行业限制，跨领域、跨产业开发综合交叉项目。

（四）教学资源的组建和利用

国际汉语教育不同于母语教学，而职业院校的国际汉语教育更需要结合自身的职业特色，建立能够满足国际汉语需求的教师队伍。在各学科跨专业跨领域的趋势下，汉语教师的知识储备和教学能力也应及时进行提升和加强。职业院校不同于本科院校，其国际汉语教育的规模和投资相对有限，但是也有自身的优势，如职业特色、校企合作、实训基地等。

一方面，应积极培养组建复合型职业汉语教师队伍，职业院校应在拥有专业师资优势的基础上，进行教学能力的提升，专业教师应通过进修、培训、考证学习国际汉语教育理论和知识，研究第二语言教学技巧；汉语教师应根据自身条件，选择适合的职业方向进行专业知识的充实、巩固，如此才能适应不断增长的教学需求。除了顾及教育经济效益外，更应当注重长期稳定的教学质量和效果。对于国际学生数量和教师资源不配套的问题，职业院校可考虑通过联盟的形式进行师资上的共享。

另一方面，由于职业院校一般都设有校内外企业实训基地或技能中心，这可为国际学生进行汉语交际提供职场环境和工作任务。在初级阶段，可设立特定的环境下达任务，如求职应聘、自我介绍、入职报到、同事交流等；后期以具体的任务环节为导向进行模块化训练，如会议组织、工作沟通、办公电话、商务接待，等等。此外，借助企业与院校的合作，组织国际学生参观、考察等项目，切身体验中国的企业文化。

第四章 国际汉语教育模式研究

第一节 互联网影响下汉语国际教育教学模式

汉语国际教育专业学生的实习、就业和社会需求存在着巨大差异，"互联网+"给汉语国际教育专业校企合作及就业带来了机遇，同时也带来了挑战，汉语国际教育教学模式转变势在必行。本节从对汉语国际教育专业的社会需求及就业困境分析，提出在互联网影响下汉语国际教育教学模式转变的可行性建议。

随着经济社会的发展，"互联网+"战略已上升至国家层面，"互联网+"的发展对汉语国际教育专业的影响无疑是巨大的。作为一种新兴的教育模式，互联网教育突破了时空的限制，在一定程度上解决了传统课堂教学中互动性不足、针对性不足、真实语境不足等问题。同时，互联网教育也更加注重教学内容的实用性和教学方式的灵活性，这为汉语国际教育专业带来了巨大的生机。

一、汉语国际教育专业的社会需求及就业困境

全球的汉语热已被世界公知，汉语学习者以惊人的速度在飞速猛增。据国家汉办粗略估算，目前除中国（含港澳台）之外，全球学习使用汉语的人数已超过1亿。

孔子学院每年招聘人数为5000多人，且专业相关即可。而我国有接近400所高校开设汉语国际教育的本科专业，有超过100所高校有汉语国际教育专业硕士。但每年相关企业、培训机构或者国际学校的吸纳人数不多，这也就意味着真正能够从事汉语国际教育工作的机会是极为有限的。

由此可见，汉语国际教育专业实际上存在着一个很大的屏障，海外的汉语教师需求量很大，汉语师资不足已成为影响汉语传播推广的一大问题，但国内汉语国际教育专业毕业生却在实习、就业方面遇到了瓶颈。

二、汉语国际教育互联网模式转变的必要性

根据以上资料分析，全球学习汉语的人数已超过1亿，但我们汉语国际教育毕业生却在就业方面遇到了瓶颈。一方面是汉语教学工作的专业性不是很强。网络招聘信息显示，

23 家公司的对外汉语教师招聘中专业要求包含汉语国际教育专业的有 15 家；外语专业 13 家；中文专业 12 家；其他相关专业竟高达 11 家，其中竟有两家的要求仅仅是热爱汉语教学。另一方面是海外汉语学习需求虽然很大，但网络教学并不能够满足他们的需要。当今汉语网络教学模式一般分为网络一对一教学、一对多小班教学、公开课直播课程、录播教学及 O2O 五种模式。这种灵活的、个性化的定制，对汉语推广及文化传播都起到重要作用。据不完全统计，仅国内对外汉语教学网站数量已高达 210 余家。但符合汉语学习者需求的少之又少，究其根源，我们发现平台的建设、平台的运营管理、课程体系的搭建、教师水平参差不齐专业性差、教师网络教学技能水平欠缺、推广力度不够等问题的存在，导致其不能形成规模。

三、汉语国际教育模式转变的措施

调整课程设置及课程内容。互联网教学与课堂教学有所不同，其教学方法、教学手段、关注点以及考核方式都有所不同。

基础理论方面，随着多媒体教学的应用，相应的基础理论研究也应纳入课程内容中，如梅耶的多媒体教学理论、多媒体学习理论及戴尔的视听说教学理论。梅耶的多媒体学习理论谈道：多媒体设计的原则要与人类的信息加工方式相契合，人类对信息的加工是通过图像文本双渠道进行的，而且每个渠道的信息加工数量是有限的。所以，在多媒体课件（教材）设计时就不仅要注重其汉语习得顺序，也要注重其双渠道的信息注入，强化相关理论学习，以加强"互联网＋"背景下的教学能力。

教学技能方面，网络教学对 PPT 技能的掌握要求很高。PPT 不仅是一种媒介手段，而且某种程度上替代了课堂教学的教材功能。在网络教学过程中，只能利用 PPT 作为视觉媒介手段来进行教学，所以，PPT 制作得好坏，很大程度上关系着课程教授质量的高低。与此同时，还要掌握其他的简单的电脑软件的操作技能，以增加教学过程中的趣味性，加强学生对知识的掌握。

"互联网＋"背景下的教学法与课堂面授的教学法不完全一致。国内与国外进行的汉语教学完全不同，在国外，不是以大量的词汇记忆、语法讲解为主导，而是以激发学生学习汉语的兴趣为前提。网络教学恰恰可以跳出课堂的限制，以其灵活的方式提高学生的学习兴趣。与此同时，网络教学中教师只能以 PPT 为媒介，这就需要教师提高课堂掌控能力，把握好 PPT 与知识拓展的关系，有效避免教师陷入完全为了讲完 PPT 而讲授的误区。

知识技能方面，作为网络教学教师需要掌握更多的心理学知识及相关知识。面对多元化和个性化学习需求，在新信息技术环境下，我们需要研究学习者的特征以及不同学能的学习者的学习特点，也要研究他们的学习需求，进行学习过程分析等。在网络公开课时，教师没有办法与学生进行言语互动，这就需要教师在平时有很扎实的专业基础知识，很强的心理学知识及丰富的课堂教学经验。

网络教学和课堂教学相结合。要想培养出具有网络教学能力的教师必须让教师先了解网络教学并深刻体会教学中的各个环节及易出现的问题，通过自身的网络课程的学习，了解网络学习的特点及需求。

首先，教学体系安排体现在网络上，让学生从网络中对包括专业必修课在内的所有课程进行了解、查询，根据自己的时间进行选课，安排自己的学习进程，并参加讨论、作业、测试甚至考试等教学活动，让学生作为用户总结在网络课程中应注意的问题。设置部分网络课程，如大学英语，安排少量学时的一对一课程，并配以小班授课及公开课，让学生亲自体验互联网不同教学模式的特点。同时还可以采用微课等 O2O 的形式让学生通过 5 ~ 8 分钟的视频，对课堂中的重点和难点进行针对性的讲解。在课堂上，帮学生梳理课程脉络，并对微课中的知识点进行课堂反馈。

增加网络实践教学基地。在汉语国际教育专业任教过程中，笔者发现即使通过模拟授课场景、进行试讲等方式让学生进行实践，如果教学对象不是外国人，是无法真正让学生有效提高其实践能力的，尤其对于本科学生来说，这种真正的实践机会少之又少。所以，网络实践教学基地的建设是必不可少的。这就需要学校与汉语网络教学平台进行校企合作。有资源的学校可以直接与国外汉语学习机构进行校企合作，或联合建设网络教学平台，与国外大学、初高中、小学甚至是幼儿园进行合作，进行无偿或有偿的汉语教学，给学生提供真实教学环境，以促进学生把知识转化成为技能，让学生在实践中不断地提高教学质量及教学管理能力。

综上所述，在全球"互联网 +"的背景下，汉语国际教育专业的教学模式要在教学管理、课程体系、教学内容等各个方面进行改革。同时还要在深入了解分析各国汉语国际推广的具体情况的基础上，有针对性地研究各国互联网教学的开展情况，与能够进行互联网教学的国家或地区开展深入稳定的合作，以提高汉语国际教育专业学生的实践能力，促进汉语的推广及传播。

第二节　国际汉语教师发展沉浸式教学模式

沉浸式教学是指用目标语言作为教学语言，使学生在校的全部时间或一段时间"浸泡"在目标语言环境中，教师不仅教授目标语言，而且使用目标语言讲授其他学科知识。结合学科内容学习目标语言是沉浸式教学模式最大的特点，沉浸式教学产生于 20 世纪 60 年代的加拿大魁北克省，因其效果显著而被诸多地区和国家学习借鉴并发展。目前，较为成熟的沉浸式教学模式大多是围绕法语、英语、西班牙语的学习而展开的。随着国际汉语教育的推广和深入，沉浸式教学逐渐被应用到国际汉语教育中。然而，目前关于汉语沉浸式教学的研究主要关注编制教材词汇大纲、教学特点和问题、课程设置、教学技巧、师资培训模式等。教师是教学过程中的关键因素，而现有成果关于国际汉语教师在沉浸式教学模式下的发展研究甚少。本节将通过分析沉浸式教学模式下，国际汉语教师面临的挑战以及制约教师发展的重重因素，探求促进国际汉语教师发展的有效途径与方式，以期更好地推广汉语和传播中国优秀文化。

一、沉浸式教学模式下国际汉语教师面临的挑战

沉浸式教学在实施过程中把学校的课程作为学习目标语言的基础环境，学习者在学习其他学科内容的同时也学习并运用目标语言，相邻学科之间的知识性和趣味性增强了学习者使用目标语言进行学习和交际的动机。在沉浸式教学模式下，国际汉语教师不仅需要深厚的多学科知识、高质量的语言能力和多元文化素质，还需要不停地改进教学方式和手段，积极营造有利的"浸泡"环境，这给国际汉语教师带来了诸多挑战。

（一）国别化教学的针对性更高

国外汉语教学明显不同于国内汉语教学：一是缺乏感知汉语及应用汉语的语言环境；二是教学对象具有与汉语言文化不同的文化背景，这种差异导致汉语沉浸式教学缺乏汉语言的"浸泡"环境。而汉语沉浸式教学模式的核心条件是利用目标语言的"浸泡"环境对学生产生潜移默化的作用，那么针对所在国的主流文化及学习特点而产生的"浸泡"环境将会是汉语沉浸式教学成功的关键因素。一种教学并不会放之四海而皆准，所以，为了更好地促进国际汉语的传播，应该充分考虑所在国的语言文化背景及学习特点，针对不同的文化和地区实施国别化教学。甘瑞媛认为，国别化教学的含义是"针对不同的国家和地区实施不同的、有差别的教学与研究"，进而将汉语教学融入所在国的主流文化之中。

国别化教学可分为国别化教材和国别化教学法。其中教材是理论，教学法是实践；教材是内容，教学法是手段和媒介。国际汉语教师不仅要具备多种语言知识及多元文化观，还要参与国别化教材的研发及修订过程，使教学内容更具针对性；国际汉语教师还应具备结合所在国的教育制度、教学模式、教学特点而实施国别化教学的能力，为汉语沉浸式教学创造理想的"浸泡"环境。如今的国际汉语教师的来源主要分为四类：当地具备汉语语言能力的华人华侨；中国的海外留学生（助教）；外派志愿者；其他。在这四类国家汉语教师（助教）中，虽然大部分国际汉语教师都经过了专业能力、教学能力以及心理素质等方面的培训，但是对所在国的教学环境、教学模式、教学对象、教学制度都不甚了解，对教学内容的选择欠缺专业性，实施国别化教学法欠缺针对性。

（二）多学科教学能力的综合性更高

在沉浸式教学模式下，国际汉语教师不仅需要教授汉语语言课程，同时也需要系统地讲授其他学科课程，以促进教学对象的语言能力和认知能力同时并进。比如，一位教师上午讲授汉语语言课，下午讲授数学课，汉语和数学的本质差异需要教师具备不同的专业知识和思维能力，还应具备教授这两门学科的教学能力。在同一教学环节中，可能会出现语言理解障碍影响学科知识的学习，教师需要根据教学对象的学习盲点变换语言表达方式。

此外，沉浸式教学的场所是一所学校或者机构，教学对象并不是单一的分布在某一年龄层，对应教师选择的教学内容和教学方法也应根据身心差异有所区别。

在沉浸式教学模式下，国际汉语教师比国内汉语教师承担更多的教学科目和课时量。不能延长教师上课时间，也不能占用其他科目的课时安排，所以，为了能保质保量地完成教学任务，国际汉语教师需要具备宏观调控和微观调节的能力。教研组需要提前做好年度教学计划和学期教学计划，并根据教学对象的学习程度随时修订与补充；教师还应具备"多学科视角"来实施教学过程，合理融合多学科元素，营造通俗易懂的多学科学习环境。

（三）文化自觉的理性诉求更强

语言是文化的灵魂，教授汉语的同时也是传播中国文化，因此，国际汉语教师既是中国文化的代言人，也是不同文化之间的传播媒介。党的十八大以来，国家领导人曾多次提出文化自觉和文化自信的重要性不容小觑。所以，在多元文化的碰撞中，国际汉语教师的文化自觉与文化交流的理性诉求更强。什么是文化自觉？有学者将其定义为"在某一特定的多元文化环境中生活的人，要认识本国文化，理解他国文化，在多元文化中主动的推广本国的优秀文化，也积极引进、接纳他国的文化精华，进而推动跨文化交际与合作"。国际汉语教师理应成为文化交流的输出者、引进者和沟通者，在理论与实践中坚持文化自觉与文化交流的主体意识。

自觉成为本国文化的输出者。代表着中华文化的国际汉语教师，不仅是优秀的知识分子，也是知识分子中特殊的一个群体，理应秉承时代赋予的责任，成为文化自觉的优秀代表。汉语彰显着深厚的汉文化，与博大精深的中华文化水乳交融，国际汉语教师必须充分认识到语言离不开文化。汉语言文化在中华传统文化的滋养下得以传承并发扬，汉语的教学也在中华文化中不断地汲取营养。作为中华文化使者，汉语教师应时刻保持文化自信，这种自信来源于对悠久历史文化的熟悉、了解、热爱，这种自信来源于正确的文化价值观，进而达到"推广世界汉语，弘扬中华文化"的目的。文化的输出和熏陶是一个渐进的过程，汉语教师应保持足够的自信和耐力，寓文化于教学，逐渐输出中华文化。

自觉成为他国文化的引进者。在文化自觉的倡导下，国际汉语教师不仅要熟悉和热爱本国文化，还要汲取、引进他国优秀文化。只有理解并欣赏他国优秀文化，我们才会博采众长，在文化生态平衡中屹立不倒。沉浸式教学模式下的国际汉语教育，特别强调汉语言文化对学习者的潜移默化的作用，教师应该具备文化平等的多元观，对他国文化中的优点和精华给予肯定，在教学环节中应积极借鉴并主动引导教学对象学习他国文化精华，坚决反对教学中的故步自封。

自觉成为多种文化的沟通者。如今全球化虽已成为不可逆转的发展趋势，但是文化一体化并不会出现，国际汉语教师应坚持以"和谐世界"为方向，以"相互理解、相互共存"为原则，积极成为多种文化的沟通者。在民族文化多元、关系复杂的世界里，培养能够与学生自由交流的教师，已经成为教育和教学中最后的挑战。国际汉语教育是多种文化相互对抗、摩擦、交流的过程，不仅教师之间存在文化差异，不同的教学对象也会因背景不同而产生文化冲突，教师和学生在教学过程中也会因文化观念不同而产生分歧。所以，对外汉语教师只有具备强烈的文化自觉，促进不同文化之间的交流与合作，才能提高自身以及教学对象的跨文化交际能力，进而形成多元文化观。

二、沉浸式教学模式下制约国际汉语教师发展的原因分析

自 2004 年韩国孔子学院成立至今，汉语已经在 140 多个国家拥有各类面授学员和网络学员 200 多万人，受众人数达 1300 万人，正逐渐发展成世界主流语言之一。虽然汉语沉浸式教学近几年在美国、英国取得了累累硕果，但制约国际汉语教师发展的重重因素不容忽视。

（一）国别化教材的欠缺制约着教师实施沉浸式教学

教学内容是根本，沉浸式教学是途径。教学内容的选择与教材的编订直接影响着教师实施沉浸式教学，进而影响教学效果的发挥与教师发展。最近 20 多年，不断有学者提出国内编写的汉语教材是通用型教材，缺乏对具体教学环境的了解，进而呼吁国别化教材的编写迫在眉睫。现有教材主要是针对学员多的市场编订的，而单凭译文无法对付国别、民族、文化等差异造成的特殊性和针对性。比如，英国的学习者和瑞士的学习者都以英语为通用语，但对汉语的了解和需要是存在着显著差异的，对应汉语教材的编写也应该有针对性和特殊性。

通用型教材提供的教学内容不能跟教学对象、本土教育机制、本土优秀文化有机融合，没有给教学对象营造有利的沉浸环境。现有的国际汉语教材在海外市场大多出现水土不服的现象，存在着质和量的问题。其中质的方面比较突出的问题主要有以下几点：①教材内容"中国化"严重，未能与所在地区的主流文化相结合，如出现太多的像"串串"这样的小吃特有名称，不易被人理解；②教材按照国内的学时安排编写，未能与海外学制相适应；③注重语音和字词教学，语言与文化的联系不够紧密、科学。教材数量方面也存在着突出矛盾，最近 10 年对外汉语教材或教学参考书的出版已达 300 种，但是具有本土化特征的教材仍保持在个位数，远远不能满足海外广大市场的汉语需求。换言之，现存的通用型教材只是单向的输出，并没有考虑到教学过程中的双向选择。汉语沉浸式教学是一种新的教学模式，在教学对象、教学条件、教学内容、教学方法上都难以找到跟以往的通用型教材的对应关系。所以，国别化教材的欠缺制约着教师实施沉浸式教学，同时也限制着国际汉语教师发展。

（二）流动性大导致教师群体缺乏稳定性和专业性

全球范围内的汉语热使国际汉语教师的需求量大幅度增加，国家汉办每年外派教师和志愿者的数量也逐年上升。国家汉办输出的汉语教师和志愿者是国际汉语教师群体的主要来源，国家汉办 2011—2016 年度工作报告数据显示，2012—2014 年新派出人数占当年总

人数的 50% 左右，2011、2015、2016 年新派出人数各占当年总人数的 30% 左右。可见，虽然每年新外派教师和志愿者人数逐年增加，但是每年新派出人数占教师群体总人数的 30% 及以上的比例并没有变。换句话说，每三位国际汉语教师（志愿者）中至少有一位是新成员。外派教师（志愿者）的工作任期正常为一年，原则上不超过三年。除教师自身因素外，任期短、新输入人员占比大是导致国际汉语教师群体流动性稳高不低的关键因素。另外，在输入型教师的质量上面也存在突出矛盾，外派志愿者门槛较低，掌握赴任国语言、专业为汉语国际教育、有国际汉语教师证书、品学兼优的学生干部均可以申请报名参加志愿者的遴选。其中，外派教师（志愿者）只经过短期培训，外语水平能顺利交流沟通，对赴任国的国情、历史、文化所知不多，对中国传统文化的研究也不够。

以往相关研究和实践经验显示，新手教师在培训中或者学业中接受的相关理论知识和技能训练在短时间内并不能发展成自身的教学能力，理论知识和实践经验丰富的老教师也未必能立马胜任国际汉语教育的工作，这进一步显示从理论性知识到内化为自身的教学能力之间存在着需要跨越的鸿沟。所以，通过国家汉办输入的教师和志愿者只能治其标，而不能固其本。"输血"方式引进的国际汉语教师群体缺乏稳定性和专业性，其流动性较大也是难以克服的因素，这直接限制着国际汉语教师实施沉浸式教学，进一步影响着国际汉语教师的发展。

（三）任期短使教师跨文化适应性能力有待提高

Lysgaard 在 1955 年提出了文化适应的"U 型曲线假说"，他认为，文化适应是一个随着时间变化的动态过程，文化适应程度根据文化适应者的满意度呈现一个从高到低再升高的"U"形曲线。以美国青年留学生为例，文化适应大致经历了以下三个阶段：①最初调整阶段。刚进入一个新的生活环境，对身边事物感到好奇和欣喜，但在日常生活工作中逐渐出现轻度不适应，在斗争与逃避之间徘徊。②危机阶段。无法顺利解决出现的问题而使状态恶化，出现极度的纠葛与逃避。③再度调整阶段。渐渐适应当地的生活习惯，逐步理解文化差异，能逐渐解决复杂的文化冲突。在文化适应过程中大致会出现以下四种结果：融合、分离、同化、边缘化。文化融合与文化差异并存，是指拥有不同文化特质的学习者之间通过接触、交流和沟通进而相互理解、欣赏、渗透并融为一体的过程，出现在文化适应的再度调整阶段的后期。文化融合需要较强的文化自觉和文化自信，是解决文化冲突中最理想也是最难实现的结果，需要长期的经验积累和沉淀方可获得。文化分离是指适应者坚守本国文化，排斥他国文化，是文化适应中最极端的负面结果。文化同化是适应者一味地崇尚他国文化，在与他国文化的交际中逐渐丢弃和否认本国文化的状态，是由积极的迎合他国文化造成的。文化边缘化是指适应者既想保留本国文化，又想学习他国文化，但缺少对他国文化的认同而一直游走在他国文化的边缘。

国际汉语教师的平均任期为 1 ~ 3 年，流动性较大，结合文化适应的"U 型曲线假说"，短短几年的工作时间里需要适应和了解他国文化，做到真正的文化自觉和文化交流，其难度可想而知。国际汉语教师多数处于文化适应阶段的最初调整阶段和危机调整阶段，进入再度调整阶段的人数极少。文化适应的结果达到文化融合程度的寥寥无几，多数人游走于两种文化的边缘，甚至跨文化能力不强的情况下出现被他国文化同化的倾向。虽然国家汉办先后修订了《国际汉语教师标准》，对国际汉语教师理应具备的知识和技能进行了全面的描述，将"中华文化与跨文化交际"定位为五大核心能力之一，把跨文化交际与培训项目作为重点，但是不可否认的是短期几个月的培训不可能使国际汉语教师从最初调整阶段直接过渡到再度调整阶段。再度调整阶段和文化融合的结果需要长时间的积累和沉淀，这需要克服输入型教师的任期短和流动性大的问题，选择本土化教师将是提高教师群体跨文化适应性能力最有效的方式和途径。

三、沉浸式教学模式下推动国际汉语教师发展的有效途径

（一）以教材编写为途径推动国际汉语教师发展

2016 年国家汉办年度报告显示，国际汉语教材资源库达 64 个语种，804 套，6643 册，共向 108 个国家 599 个机构授赠教材 54 万册。但是这些教材几乎是对中国出版的各类汉语教材的修订、改编或者翻译，而且几乎只是在对应学校或者课堂中使用，其影响面较小。组建中外合作教材研发中心，以教材编写为途径推动国际汉语教师发展是可行之策。

首先，国际汉语教师要深入了解所在国的国情与民情。国情是与目的国的政治、经济、文化、民族等相关的宏观背景；民情是指目的国的宗教信仰、民族风俗、文化情结、教育制度等相关的微观背景。教师编写教材需要充分了解所在国的汉语教学现状与教育政策，熟悉学习者对汉语的学习动机、学习目的与学习方法。按照学习者的学习特点有针对性地选取学习内容，根据学习者的学习策略有目的地安排学习顺序。特别是在"一带一路"倡议的大背景下，要积极抓住两国之间的契合点，积极推动两国之间的文化交流与互动。

其次，邀请外方教学工作者参与教材编写，交流沉浸式教学经验。外方教学工作者不仅包括本土有声望的具有双语能力的教师、长期担任目的国的国际汉语教师，还包括目的国的本土教材研发中心和小组。海外的学习者由于不同国家、不同年龄层、不同的学习动机与目的等因素都对教材的针对性和特殊性提出了严格的要求，外方作者不仅有助于了解当地的学习倾向和学习特点，在教材内容的编写上给予指导性建议，还可以避免防止翻译过程中导致的文化误解等现象的发生。

最后，履行实时修订教材的责任与义务。教材研发中心不仅仅是开创新的教材，还要关注教材在使用过程中出现的问题，及时修订与更新，加速教材的实用性与针对性。大数据具有复杂的动态特点，与数据融为一体使教材修订具有实时功能。教材研发中心需要建立并参与后期的教材跟踪机制，定期调查师生对教材的使用建议，建立相应的数据库，及时修订与弥补教材中出现的问题与不合时宜的地方，让教材的时代性与针对性并存。

（二）实现国内汉语志愿者的国外本土化培训

目前，孔子学院统一对志愿者组织的行前培训，时长为 300～600 课时，主要包括志愿者服务、汉语教学、实践与观摩、中华文化与才艺、赴任国语言与跨文化指导等培训项目。可见，志愿者的培训方式为统一国内短期培训，项目多，培训方法多为讲座或者拓展训练，对赴任国的针对性和特殊性训练程度不够。因此，有必要对汉语志愿者开展本土化培训。

首先，将培训地点迁移到目的国所在地。比如，为泰国孔子学院培训志愿者，可以采取中泰两国合作培训的途径，实行在国内遴选志愿者、在泰国培训志愿者的方式。在培训期间，引导志愿者参与泰国教学过程，身临其境地观摩与感受泰国的教学特点与文化氛围。当然，国内志愿者遴选、国外培训的方式将带来更大的人力和财力，所以，可以通过增加志愿者的工薪待遇、优化生活工作环境等策略来减少志愿者的任期短、流动性大等问题。

其次，建立对外汉语教育专业海外实习班，为国家汉办志愿者储备人才。对外汉语教育专业海外实习班是指国内高校可以和国外高校、孔子学院合作，为对外汉语教育专业的本科生和研究生提供定点实习岗位，其实习周期由国内高校具体的人才培养方案而定，这将有利于提高志愿者自身的综合素质，减少正式上岗时的恐慌与不适应。

2000 年代，由于提高了农药效率，农民转而使用需要剂量小并更有效的化合物，农药销量开始下降。2007 年，当时的法国总统尼古拉·萨科齐（Nicolas Sarkozy）召开会议制订了一项为期五年的环保计划。通过环保主义者、农业工会、杀虫剂制造商和其他有关方之间的反复协商和谈判，最终促成了"生态植物"计划的出台。该计划包括重大的政治让步，"如果可能的话"，将达成 50% 的使用削减目标，这意味着计划的实施大部分以自愿为原则。

最后，搭建全球汉语教师线上线下交流平台。目前，已有五年历史的《世界汉语教学》青年学者论坛，已经成为国内外知名教师分享研究成果和教学心得的互动平台，也立志成为培养国际汉语教师领军人物的摇篮。国家汉办应与相关机构合作积极发挥统筹规划的作用，组建"交流与学习"论坛。以论坛为中心，定期举办线下论坛活动，邀请各国优秀国际汉语教师或者志愿者参与交流并分享教学经验；线上建立交流空间，营造轻松融洽的氛围，便于国际汉语教师或志愿者之间通过交流来为教学中出现的问题共同出谋划策。积极推动青年学者论坛的推广，为新手志愿者和教师提供可取经验。

（三）与海外办学机构合作开办汉语国际教育专业学历班

汉语国际教育专业学历班主要针对对象是海外华侨和华裔子弟，其学历化是海外汉语教师专业化的过程，获得国际汉语教育专业学位是提高师资质量的主要途径之一。国内学者曾经提出解决海外市场汉语教师师资短缺，帮助各国长期培养或培训本土化汉语教师，尤其是高层次的"种子"教师迫在眉睫。在国务院侨务办公室的大力支持和帮助下，2009年正式实施海外汉语国际教育专业学历班项目至今，辽宁师范大学和多伦多市教育局合作顺利，目前已有 73 名学员获得毕业证书并被授予学士学位。与海外办学机构合作开办海外汉语国际教育专业学历班，可以借鉴以下经验：

首先，吸纳海外华侨和华裔子弟参与国际汉语教育专业学历班。学历班成员对象为海外华侨和华裔子弟，对中华文化具有一定的了解，能自愿主动地推广中国传统文化。海外华侨和华裔子弟在海外出生成长或者生活多年，熟悉本土的国情与风俗习惯，在国别化教学方面具有得天独厚的优势，是推动本土化汉语教师发展的最佳人选。

其次，国内已具备汉语国际教育专业学历班办学经验的大学应积极与海外办学机构寻求合作。比如，已有八年办学经验的辽宁师范大学可以扩大合作对象，为汉语国际教育专业学历班提供成熟的培养模式和可取经验。采取"请进来""走出去"的培养模式："请进来"是指学历班成员来华合作院校参加汉语言教育专业的面授课程；"走出去"是指国内专家型教师到海外合作机构给学历班成员面授课程，同时为修订学习班教学内容和优化教学方法搜集可取素材。另外，讲授课程除了面授之外，可增加网络课时学习的环节，提供实习岗位，加强理论与实践的结合。

最后，学历班的服务与监管应精准化和细致化。比如，安排专门的部门负责国际汉语教育专业学历班教学工作，工作人员定期给学历班成员发送教学要求、作业提示、节日祝福等，让学历班成员感受来自祖国的关心和热爱；设置班主任，安排来华成员的学习与生活、组织联谊等活动，加深学历班成员与学校、祖国之间的亲密感；安排志愿者帮助解决学员课程和生活上的困难也是可取之路。

总之，与海外办学机构合作开办汉语国际教育专业学历班是促进海外本土教师学历化的有效途径，是解决当下国际汉语教师任期短、流动性较大的根本之策，也是加速沉浸式教学的理想之策，同时也是推动国际汉语教师发展的最佳捷径。

在沉浸式教学模式下，国际汉语教师肩负着传承中华文化和推广汉语的双重任务，提升国际汉语教师的发展也逐渐成为学界的焦点。本节提出的以国别化教材的编写为途径提升教师国别化教学能力，采取本土化培训、与海外办学机构合办学历班等方式将教师来源变"输血"为"造血"，以期为海外市场加速培养国际汉语教师的领军人物，从而进一步推动国际汉语教师的发展。

第三节　高校汉语国际教育专业实践教学模式

为了适应汉语国际推广事业，2013 年教育部对原"对外汉语"专业进行整合并入"汉语国际教育"专业（本科）。近年来，国内高校汉语国际教育专业继续发展壮大，很多地方应用型本科院校都增设了此专业，但每年毕业生的就业形势不容乐观，能从事汉语国际推广工作，成为对外汉语教师的毕业生凤毛麟角。

汉语国际教育专业培养目标中明确指出要培养"能在国内外各类学校从事汉语教学"的应用型专门人才。实践教学，是学生巩固理论知识，促进知识转化，形成基本专业技能和应用能力的重要途径。汉语国际教育专业应用型人才培养离不开学生在校期间的实习实践。在汉语国际化背景下，高校如何结合自身实际，整合现有教育资源，构建实践教学新模式来增强汉语国际教育专业的实践性，培养出符合国家和社会需求的人才，成为目前急需解决的问题。

一、高校汉语国际教育专业实践教学现状

尽管"汉语国际教育专业"正式启用后有了新的专业内涵，部分高校对实践有所重视，但重视程度远不及理论学习。这不可避免地造成了该专业的本科课程设置重理论、轻实践现象比较严重，在很大程度上导致学生"所学知识与实践脱节"。具体表现在以下几个方面：

（一）实践教学时间短，学分低

实践教学需要从时间上得到保证，没有充分的教学实践，学生的专业技能学习无法得到保障。调查研究显示，目前大部分高校的实践教学多安排在第七学期，约八周的时间，实习安排时间短且靠后，而且部分高校还会受实习条件限制，难以组织集中实习。整个实践环节学分占总学分众比，多在20%以下。专业实践教学实际所占培养时间很少，这直接影响人才培养质量。

（二）实践教学内容缺乏创新

多数高校基本上沿用原"对外汉语"专业的课程设置，课程设置不合理、实践教学内容缺乏创新、教学手段单一、专业见习开展不力等问题突出，学生无法学以致用，对实践教学学习的积极性不高。

（三）实践教学缺乏过程评价体系

传统的实践教学设计较为松散，缺乏系统连贯性。合理有效的过程评价体系在实践教学中能够指导学生的实践，通过给学生具体的量化标准，要求学生在学中做，在做中学，加深对理论知识的巩固和掌握，有助于进一步改进实践效果。因此，在实习教学中加入过程评价体系十分必要。

（四）实践缺乏国际化环境，实习基地建设受限

尽管我国的汉语国际教育事业的开展已有几十年的历史，众多高校也纷纷在海外建立了自己的孔子学院和孔子课堂，但是这并不能有效解决国内学生的实习问题，能够到海外实习的学生不多。一些国内高校缺乏相应的留学生生源和资金支持，实习基地建设受限，实践教学缺乏应有的国际化环境，不少高校该专业的学生到毕业都没有接触过留学生，走进过真正的留学生课堂，专业发展严重受限。

二、高校汉语国际教育专业实践教学模式的新思考

汉语国际教育专业，是为适应汉语国际推广战略和日益频繁的国际交流而设置的特

色鲜明的专业。如何在教学中构建实践体系直接影响教育水平的发展，关系到培养目标的实现。

（一）汉语国际化背景下实践教学的新特点

在汉语国际化教育背景下，汉语国际教育专业的实践教学呈现出综合性、多元化、国际化的新特点。①实践教学环节要注重学生综合能力的培养。学生具备汉语教学能力的同时，还具备相应跨文化交际能力。②实践教学中要强调多元文化意识，有针对性地对学生进行文化背景教学，让学生认识到不同文化的特点，以适应多元文化背景下的汉语教学。③在实践教学建设上要逐步实现教学对象、实践教学环境的国际化。

（二）实践教学体系构建的基本思路

结合新形势下实践教学的特点，汉语国际教育专业人才培养必须强调实践。建立贯穿"汉语国际教育"专业人才培养全过程的实践教学模式，分阶段、分年级实施教育见习、教育研习、教育演习、教育实习，使国际汉语教师技能培养不再是从教育实习才开始，而是从学生专业学习的起点就起步。在四年的培养中全程设置专业实践，每个年级设立其相应的实践目标、实践要求、评价体系，使技能训练贯穿全程。

（三）实践教学体系构建的原则

在实践教学体系的构建构成中强调系统系、持续性、实践性原则。①实践教学体系要具有系统性。实践教学以培养学生的汉语教学技能和综合能力为核心，语言知识、文化常识、外语能力、教学技能等课程必须围绕着这个核心展开，从而形成完整的体系，改变实践教学过于零散的状况。②实践教学体系要具有持续性。教育见习、教育研习、教育演习、教育实习分阶段进行，不同年级、不同阶段有所侧重，以保证实践教学的持续性和渐进性。③实践教学体系要突出实践性。汉语国际教育是一个实践性质的学科，要合理安排实习、实践类课程，充分体现本专业的实践性。

三、基于郑州航院办学实际的实践教学模式

郑州航院汉语国际教育专业于 2013 年开始招生，每届招生在 45 人左右。学校地处内陆地区，较沿海和发达城市，专业建设起步晚。学校于 2013 年在非洲坦桑尼亚建立了孔子学院，2016 年 9 月开始招收留学生，但人数仅有 5 名，尚未建立实习基地，校内实习资源有限，学生接触留学生的机会不多，能直接走入留学生课堂进行实践教学的很少。因此，建立符合学校办学实际的实践教学体系十分迫切和必要。

我们围绕培养学生的汉语教学技能和综合能力这一核心，建立贯穿于"汉语国际教育"专业人才培养全过程的实践教学模式，分阶段、分年级实施教育见习、教育研习、教育演习、教育实习，根据理论学习的进度安排实践活动，在各个阶段有所侧重。这四个实践活动彼此并不是孤立存在的，都能包含其他实践活动的一些内容。此外，在实践的过程中实

行学业导师制，导师对所指导的学生进行答疑、指导监督。每个阶段都有相应的实践时长要求和实践教学评价体系，通过调查、讲评等方式了解各项教学实践的效果。

（一）教育见习

教育见习主要集中在大一阶段，以培养学生的跨文化交际能力和职业兴趣为实践目标，帮助学生建立对汉语教学的感性认识。刚刚入学的大一新生，对汉语国际教育缺乏相应的了解，开展汉语国际教育的教学环境、学习任务、学生学习情况、教师教学情况的观摩有助于他们在实践教学技能的培养方面做好思想、心理上的准备。观察其他教师教学特别是优秀的教学，储备相关教学经验，对形成自己的教学能力、改进自己的教学方法有很重要的作用。

见习内容主要包括课堂教学见习、课外活动见习等。课堂教学见习是主要部分，可通过实际课堂教学观摩、网络课堂观摩等途径实现；课外活动见习可通过游学观摩、与留学生进行联谊活动等途径实现。

（二）教育研习

教育研习集中在大二阶段，主要结合专业课开展相应的研习活动，以培养学生的主动学习意识为实践目标。学生在教师指导下，运用所学的理论对实际教学过程中出现的有关问题进行分析和研讨，在理论与实践的互动中提高反思能力和研究能力。研习主要包括反思和研究。通过反思在实践过程中不断地构建自身的知识结构，对自己的教学实践进行调整；通过研究对自己的职业能力进行深层次思考，进一步深化自己的专业能力。

研习内容主要包括：有关对外汉语的课程大纲、课程标准、能力标准的研习；代表性对外汉语教材的研习；课堂教学技能研习；科研方法研习。研习并不是孤立的，它可以贯穿在理论教学中，教师在讲授完相关理论知识后，要求学生针对相应的教学内容分组进行研习，形成书面报告。可通过鼓励学生参加学术交流和教学研讨、成立学习型社团或文化技能性社团、组织编写具有学校办学特色的实践教材等途径实现教学研习。研习是在"实践—反思—实践"过程中逐步提高实践能力，需要较强的理论基础，也是理论与实践紧密结合的互动。

（三）教育演习

教育演习主要集中在大三阶段，以培养学生不同课型的教学技能为实践目标。尽管学生经历了大一见习、大二研习，但真正的汉语课堂还有诸多不可控因素。对外汉语课按照教学技能划分课型，主要包括听力课、口语课、阅读课、写作课以及综合课等，每种课型对老师的技能要求不同，学生在实习的过程中不可能每种课型都能教授，因此，在教育演习阶段需要给学生提供全面的练习机会。

教育演习主要包括个案研究、角色扮演或微格教学等形式。微格教学是其主要形式，它不等同于真正的课堂。学生可以通过兴趣小组、一对一辅导等形式进行微格教学，录制教学视频，训练不同课型的教学技能。根据所要掌握的目标技能设定不同的教学时长，结束后通过观看教学录像、个人反思或集体讨论提高相应的教学技能。

（四）教育实习

教育实习主要集中在大四阶段，以培养学生的课堂教学、课堂管理、跨文化交际等综合能力为实践目标。教育实习需要走进留学生课堂，验证和应用所掌握的教育理论，提升教学实践能力，是全面了解汉语教学环境、过程的现场实践。

教育实习主要包括备课、课前试讲、上课、听课与评课、作业批改、辅导等各个教学环节。实习的过程也是跨文化实践，特别是到国外实习的学生，跨文化性就更突出。教学实习通过校内留学生课堂教学、校外实习基地、国外教学基地的实践等途径来实现。

结合本校办学实际，学校可通过开展校企合作，与校外汉语培训机构共建校外实习基地；通过海外孔子学院课堂开辟国外教学基地；通过中外合作办学、交换生项目实现学生的文化交流；通过孔子学院夏令营、秋令营等活动志愿服务，国家汉办汉语志愿者招募等使学生实现跨文化交际实习。此外，还可以鼓励学生自己联系外企、外事机构、广播电台等实习单位，通过为涉外文秘、涉外管理、外文编辑等岗位提供语言服务等来完成实习。

总之，在汉语国际化背景下，实践教学体系在汉语国际教育专业人才培养中占有重要的作用。高校只有从人才培养需求和学校的办学实际出发，兼顾学生的就业与发展，实施有针对性的实践教学和人才培养方案，才能谋得长远，培养出真正的汉语国际教育人才。

第四节　语言项目视角下国际汉语有效教学模式

国际汉语教育的效果如何，跟教学模式具有密不可分的关系。对教学模式的研究显示，每一种教学模式的产生都有其时代背景与现实诉求，并指向特定的教学目标。没有一种教学模式是放之四海而皆准的唯一有效样板，设计和实施何种教学模式，必须考虑到特定的教学对象、教学情境和教学目标。对外汉语教学模式研究向来受学界的重视，几十年来涌现了许多各具特色的教学模式。近年来，随着国际汉语教育事业的重心从国内向国外的发展，教学模式研究表现出以下趋势：从单一教学模式逐渐向多样化教学模式发展，从以"教"为主向重视以"学"为主发展，从关注课堂教学向关注整个语言项目系统发展，从重视教学模式的理论设计逐渐向重视教学模式的实效运行发展。本节打算从语言项目视角探讨国际汉语教育模式的系统运行和有效性问题。

一、国际汉语教育模式的基本要素与模式层级

美国学者乔伊斯（Bruce Joyce）和威尔（Marsha Weil）合著的《教学模式》于1972年出版，该书通常被视为教学模式理论研究的起始标志。其实，外语教学界早在19世纪就已经开始了类似教学模式的教学法研究。几十年来，教学模式研究受到了广泛关注，不

过学界对教学模式的定义并不完全一致。乔伊斯等认为，教学模式是"构成课程、选择教材、指导在教室和其他环境中教学活动的一种计划或范型"。目前国内比较有代表性的看法是，教学模式是"在一定教学思想或教学理论指导下建立起来的、较为稳定的教学活动结构框架和活动程序。它是教学理论的具体化，又是教学经验的一种系统的概括。它既可以直接从丰富的教学实践经验中通过理论概括而形成，也可以在一定的理论指导下提出一种假设，经过多次实验后形成"。一个完整的教学模式应包含五个基本要素：理论基础、教学目标、操作程序、实现条件和评价。

在对外汉语教学界，对教学模式的讨论大多侧重于理论基础、教学设计和操作方法等方面。例如，崔永华把教学模式概括为"课程的设置方式和教学的基本方法"。马箭飞认为，所谓对外汉语教学模式"就是从汉语独特的语言特点和语言应用特点出发，结合第二语言教学的一般性理论和对外汉语教学理论，在汉语教学中形成或提出的教学（学习）范式"。赵金铭明确指出，对外汉语教学模式"是从汉语、汉字及汉语应用的特点出发，结合汉语作为第二语言教学理论，遵循大纲的要求，提出一个全面的教学规划和实施方案，使教学得到最优化的组合，产生最好的教学效果"。吴勇毅把教学模式总结为"在一定的教学和学习理论指导下，以实现教学各基本要素（教学目标、教学大纲、教学内容、教材、教学技术／手段、教学方法／策略、师生角色、教学活动和教学环境等）之间组合为最优化方案的系统，优化组合的结果体现为一种可以拷贝的标准样式"。上述认识符合乔伊斯等人关于教学模式的一般定义，而且结合了汉语及汉语运用的特点，很有启发意义。

不过，从过往对外汉语教学模式的研究来看，学者比较关注教学模式中的理论依据、教学目标和操作程序，已有研究多从理论基础和教学设计等方面讨论教学模式的优劣，而对实现条件、支撑系统等教学模式赖以存在的语言项目运行条件讨论较少。这可能是由于我们过去对语言教学模式和教学法之间的关系认识不够清晰。就外语教学学科的发展历程来看，过去一百多年外语教学的历史，其基本特征是探索更加有效的外语教学方法。针对语言教学的种种问题，学界一直在尝试构建各种各样的理想教学法，一百多年来各种教学法层出不穷。重视教学法研究是外语教学学科的特点，相对于宏观教学理念和微观教学技巧，教学法处于关键的中观层面。同样，教学模式也处在中观层面，"教学模式是向上沟通着教学理论，向下沟通着教学方法和教学策略的重要中介。教学模式总是某种教学理论在特定条件下的一种表现形式，因此它比教学理论的层次要低，但又比教学经验的层次要高"。由于教学模式与教学法都属于中观研究领域，马箭飞认为，"或者教学法本身就是一种教学模式，或者教学法由先后多个教学模式组成"。由此推知，如果教学模式研究只重视理论基础、教学设计和操作程序，而缺少对实现条件和项目管理等因素的关注，外语教学模式就几乎等同于外语教学法。例如，在孔子学院总部／国家汉办2014年修订的新版《国际汉语教育通用课程大纲》中，就特别列举了四种常用的汉语综合教学模式：常规模式、任务模式、主题模式和跨学科内容模式。这些教学模式跟听说法、交际法、沉浸法等外语教学法处于同一层次。因此，如果把这些教学法作为教学模式的话，不妨称之为教学法层面的教学模式。

近年来，随着研究的不断深入，国际汉语教育模式的实现条件和运行管理等因素逐渐受到重视，学者开始把教学模式的管理和语言项目的运行等因素纳入整体视角来探讨教学模式及其有效性问题。例如，汲传波将整体性作为教学模式的首要基本特征，认为这一点跟教学法明显不同，教学法一般是指课堂教学中所使用的方法，不涉及入学测试、课外活动评估等环节，而任何教学模式本身都有一套比较完整的结构和机制。曹贤文在对明德模式与中国大陆高校常规汉语教学模式进行比较时，讨论了两种教学模式在管理和实施方面的差异及由此带来的不同教学效果。谷陵明确提出，应该把实施条件和管理因素纳入教学模式研究范围，从学生管理、教师管理和教学环境管理这三个方面分析了精英式强化教学模式的管理体系，认为管理体系应该视为教学模式整体不可或缺的一部分。刘颂浩也明确指出，创建优秀教学模式需要重视管理机制的问题，认为"教学模式体现的不只是教学理论研究和实际教学水平，更是人才和资源管理水平……教学模式和教学有关，但更和管理密不可分"。汲传波从另一个角度提出了教学模式的管理问题，认为可以把教学模式的构成要件简化为：理论层面与实践层面，前者包括教学理念和教学目标，后者包括教学程序和管理体系。

综合已有研究成果，笔者认为，国际汉语教育模式可分为两个层面：教学法层面和语言项目层面。从教学法层面来看，涉及的因素相对简单，主要是以课堂教学为中心的教学设计和操作程序。从语言项目层面来看，涉及的因素较多，除了课堂教学以外，还包括项目系统中的课程设置、学时安排、教学环境、师生员工、项目管理、经费支撑、测试评估等相关因素以及项目效益等目标因素。根据以上认识，我们把国际汉语教育模式分为两个层级：教学法层面的国际汉语教育模式和语言项目层面的国际汉语教育模式，亦可简称为汉语教学法模式和汉语教学项目模式。语言教学法模式可依据教学法来命名，比较典型的如前文所述的任务模式、主题模式、跨学科内容模式等。语言教学项目模式可用语言项目来命名，比较典型的如明德模式、IUP 模式、国内高校常规汉语教学模式等。语言教学法模式的实施一般不需要过多地考虑课堂教学之外的其他因素，而语言教学项目模式则要考虑整个语言项目系统中的各种因素。因此，两者之间存在上下位关系，前者只是课堂教学局部的设计和实施，而后者体现的是整个教学项目系统的设计和运作，可见语言项目层面的教学模式比教学法层面的教学模式更值得重视和研究。

二、语言项目视角下国际汉语教育模式案例剖析

语言教学项目是一个复杂的系统，从这个角度来分析国际汉语教育模式将更加全面。崔永华对汉语教学项目做过界定，认为"汉语教学项目是指一个在特定教学条件下、具有特定教学目标的汉语教学实体"，并列出了教学项目的特征：①有相对稳定的教学对象；②有明确的教学目的，并体现在课程计划、课程设置、教学原则、教学方法和组织形式

之中；③有稳定的教学管理机构和相关管理规章制度；④有稳定的教师和教学管理人员；⑤有固定的教学地点和相应的教学硬软件条件。顾百里等从汉语知识、外语等级划分、学习理论、教学方法、课程设计、项目管理、测试评估、学生、教职员工、教学环境和支持系统等方面详细分析了在海外设立基础中文项目时需要考虑的种种复杂因素。从语言项目视角来看，教学模式是一个系统性的模式，涉及的因素很多，需要从整体上考虑系统内的各个要素及其之间的互动。下面笔者以明德模式为例，从语言项目视角对国际汉语教育模式做一个案例剖析。

优秀的教学模式应该有自己的核心理念并能采取有效措施贯彻实施。根据笔者多年在明德暑校工作的亲身经历及对该校历史的研究，明德暑校在项目设计上最核心的教学理念是沉浸式外语教学理论。对全浸式（total immersion）目的语环境的精心构建和有效利用，是明德模式一直引以为傲的最大特色。在一个非目的语大环境中采用全浸式强化语言学习方式，明德模式首要的实现条件是精心构建起目的语校区小环境，并通过严格执行语言誓约来保证全浸式教学理念得以贯彻实施，这是支撑整个项目运行的重要基础。实施语言誓约意味着不管课堂上还是课外的学习和生活中，都只能使用所学目的语作为唯一的交际语言。明德暑校要求每一位来此学习的学生都必须在入学之初宣誓立约，一旦踏入暑校的门槛，就不得在此地使用包括英语在内的任何非目的语语言。由于暑校实行集训式的管理方式，所有的学生跟老师同吃同住，全体教师和学生每个人均有义务互相帮助和监督，因此，在这儿语言誓约总是得到全面的、不折不扣的执行。为了突出语言誓约的地位、强调并保护自己的教学特色，明德大学已经成功申请了"语言誓约"（The Language Pledge）作为注册商标，为明德模式增添了无形的知识资产。

任何成功的语言项目都需要一支高素质教师队伍，教师除了业务水平高以外，最重要的是团队合作精神和对教学工作的热情。因此，成功的语言教学项目都非常重视教师聘任和培训。明德暑校聘任的教师"必须经过严格筛选，每年存优汰劣，同时保持相对稳定"。每年教师聘用由各语言学校校长提出名单，由明德大学分管副校长代表学校亲自签署聘用合同，学校相关部门据此办理聘用手续，非常慎重和认真。为了贯彻语言项目的教学理念，凝聚教师的共识，加强团队合作，提高教学水平，成功的语言项目需要在项目开始前和进行中组织教师培训。明德暑校对教师培训极为重视，每次开学前，所有教师都必须参加整整两天的培训会，开学后每周固定召开两次集体备课会，并不定期召开培训会和随时听课。通过采取"岗前培训及在岗督导合并的培训模式"，让教师对本项目开展有效教学所需的教学理念、方法、课程运作及各种规定和制度有一个整体的了解，并通过共同参与的实况教学示范，增强教师的实训体验，提高教学能力。语言项目不是个人行为，只有形成坚强的团队，时刻密切配合，教学工作才能顺利进行。如果没有对项目教学理念、教学程序的深切把握，没有明确的分工合作，没有高度的敬业态度和团队精神，再好的教学计划、再周全的教学安排都不可能实现。"许多在明德暑校任教过的老师都特别怀念及珍惜这种由强烈使命感形成的团队精神及暑期过后老师之间培养出的深厚友谊"，这就是优秀教学模式能够实施所需要的教师团队文化。

除了高素质的教师队伍以外，成功的语言项目非常重视教学和行政管理。明德暑校的课堂操练方法和教学管理可参见娄开阳、吕妍和王学松等的论述，此处不做赘述。在行政管理上，明德模式也别具特色。有不少人以为，明德模式只是明德中文暑校的教学和管理方式，实际上从更广的范围来说，也是整个明德暑校的教学和管理方式。去年正好是明德暑校建校100周年，自1915年建立第一所暑期学校——德文学校到去年新建立的韩文学校，明德暑校已经建立了包括德文学校、法文学校、西班牙文学校、意大利文学校、俄文学校、中文学校、日文学校、阿拉伯文学校、葡萄牙文学校、希伯来文学校和韩文学校（按照项目设立的先后顺序排列）11所暑期语言学校。整个大语言学校设立一个总办公室，负责大语言学校的整体运作和协调工作，大语言学校的校长一般由明德大学专门负责暑校项目的副校长担任，他直接领导和配合下辖各语言学校校长的工作。各语言学校又有很强的独立性，各自设立独立的办公室。每个语言学校除了校长负责全面的学术和行政工作以外，一般还要聘请校长助理和双语助理若干人，校长助理主要协助校长开展教学和学术方面的工作，双语助理的工作是负责后勤保障和课外活动。各校校长、校长助理和双语助理都是暑期职位，从明德大学以外聘请。另外，每个学校还有一名专职协调员，协调员是明德大学的常年职位，主要负责协调所在语言学校内外的各项事务，主要包括招生注册、食宿安排、教室安排、书籍订购、来往函件和各种联络，等等。

开学之前，大语言学校办公室、明德大学各部门及各语言学校办公室要协调做好学生招收、教师聘任、宿舍食堂教室安排等各项工作。为了保证暑校全沉浸式教学的实施，需要让不同语言学校分楼而居、分食堂而食，为每一个语言学校构建一个完整的目的语社区环境，让各语言学校成为所教目的语的独立王国，以防止受其他语言的"污染"，因此，在安排宿舍食堂时暑校每每费尽心力。例如，虽然明德大学在校园总体规划时建设了好几处餐厅，但要同时解决各暑期语言学校独立就餐，餐厅的数量仍然不够，因此，学校统一规划让两个或三个语言学校共用一个餐厅，但把就餐的时间错开，并对上课时间进行相应调整。比如，俄文学校和中文学校共用一个餐厅，俄文学校上午8点开始上课，中午12点就餐，而中文学校上午9点开始上课，中午1点就餐。类似这样在管理上的精心安排随处可见，真正体现了管理为教学服务的理念。总之，大语言学校和各语言学校既分工明确又充分协作，共同构建起了一个有机统一、运行高效的管理体系，保证了明德模式的顺利实施。

成功的语言项目非常重视课外学习的设计和管理。除了高密度的课堂教学以外，明德暑校非常重视课外学习。以不同的语言学校为单位，各语言学校就是独立的语言王国，学生跟本校老师在同一栋宿舍楼上比邻而居，在各校的食堂里同餐共饮，这样朝夕相处的师生互动为课堂教学内容的持续强化和目的语的自然习得创造了最佳机会。各个语言学校还开设了许多浸润着目的语文化的课外活动课，以中文学校为例，通常开设的课外活动课有汉语广播、学唱中文歌、中国民族舞、学做中国饭、古诗诵读、书法、象棋、麻将、太极、足球、排球、爬山，等等。这些课外活动课融语言和文化于一体、集学习和娱乐于一身，深受学生欢迎。另外，每个语言学校每周放映所教目的语电影，并组织讲座、圆桌讨论、展览、音乐会和表演等各种各样的文化活动。语言学校之间也常常进行诸如足球、排球等体育比赛。每当两个学校举行这样的赛事时，彼此都会派出阵容强大的拉拉队，吹号打鼓声中此起彼伏的是两种语言的叫喊助阵，宛如操两种不同语言的国家之间进行隆重的国际大赛。

成功的语言项目实施严格的评估措施并能实现学术和经济双重效益。明德暑校实行严格的师生评估与考核制度。对学生的测试和评估可参见曹贤文的论述，此处不做赘述。除了教师和项目管理者对学生的评定以外，学生也对教师和管理人员以及整个项目的教学和管理进行期中和期末两次书面评估，各个暑校的校长也要跟学生和教师面谈，亲自征询他们对教学和管理方面的意见。学校办公室则把评估的结果和征询的意见汇集起来，及时反馈到相关人员手中。学生的评估和建议作为暑校改进教学和聘请教师及管理人员的重要参考。除了内部评估以外，暑校还聘请同行专家和相关人员进行定期和不定期的外部评估，严格的评估措施是语言项目不断改进和完善的重要保障。作为独立的语言项目，明德暑校在学术和财务管理上拥有独立的地位，并追求实现暑校自身的项目目标。明德暑校成立100年来，由于优质的教学和管理服务，规模不断扩展，除了传统的面向成人学习者的暑期项目，现在也发展出针对高中生的暑期语言项目，在外语教育界赢得了良好的办学信誉，并实现了学术和经济双重效益。

成功的教学模式和语言项目最重要的是赢得学习者发自内心的支持和认同。来明德学习的学生首先要认同全浸式外语学习方式，对高强度的语言学习有心理准备，才能自觉自愿地遵守语言誓约，才能在这种具有挑战性、能磨炼意志的高压力强化学习中坚持下去。为了让学生充分了解如何在该项目中最有效地学习，明德暑校有非常完善的学生入学指导。每年开学之初，暑校要用整整一天时间来进行入学指导教育，内容主要包括校长和管理人员介绍项目理念、项目规章、语言誓约等一般要求，特邀嘉宾演讲亲身体验的中文学习策略，学生当场宣誓和签署语言誓约以及各个年级的详细学习指导，等等。这些入学指导非常具体和实用，对学生尽快融入项目学习起到了非常大的帮助作用。明德暑校善待每一位来此学习的学生，绝不因为是暑期学习而另眼相看。每年暑校开学时，大语言学校校长要分别为所有八周和七周的暑校学生主持两次大型的统一入学仪式，举行仪式之前，礼堂上的大钟早早敲响，提醒人们将有重大的庆典活动。傍晚时分，学生在悠扬的钟声里鱼贯而入，各语言学校的校长则团坐在前台。在大语言学校校长简短致辞后，各校校长再分别用不同的语言进行简短介绍，观众席上各语言学校的学生则欢声呼应，现场气氛极其热烈。按照统一的安排，时间为八周的暑校最先开学，然后是七周的暑校开学，最后结束的时间相同。暑校结束时除了各语言学校要举办毕业晚会和晚宴以外，大语言学校还要举行一个统一的毕业典礼，授予硕士、博士学位并表彰各校优秀学生。在严格的语言誓约下，独特的学习经历、高效的教学方式和人性化的管理极大地激发了学生强烈的认同感，这种认同感也同样发生在教师身上。凡是在此学习过的学生和工作过的教师，无不把在明德暑校的生活当作人生中最难忘的一段经历，对明德的喜爱常常溢于言表，这种沁入内心的眷恋和认同就是"明德精神"。任何语言项目或教学模式一旦有了这种"精神"就是成功实施的最高境界。

三、语言项目视角下国际汉语教育模式的有效运行与改革

从教学法视角来看，教学模式是根据某种教学理论，从教学目标和教学程序等方面所做的普适性、理想化设计。然而，从语言项目视角来看，任何教学模式都是根据特定的项目条件设计的，只有满足了相应的条件，教学模式才能有效实施。一种教学模式在某种项目条件下是好的，能够充分发挥作用，但换到另一种项目环境中未必能够充分发挥作用。因此，在选用语言教学模式时应注意项目系统需要满足的各种条件。适用于任何教学情境的万能有效教学模式是不存在的，语言项目中任何一个要素发生变化，教学模式的适应性就会发生改变。由此可见，从语言项目视角考察教学模式的有效性，不能只看教学模式在理论上设计多么先进，更重要的是看哪一种教学模式最适合特定语言项目的师生和具体教学情境。单纯从教学理论上讨论教学模式设计的先进性，忽视模式的支撑系统、管理系统和实际运行的实效性，那只是一种乌托邦式的理想。

作为一种中观研究，教学模式在一定程度上是去情境化的，虽然一些学者提出了需将管理纳入教学模式，但教学形态不同、教学情境不同，管理方式必然有所差异。如何结合教学来进行管理，教学法层面的教学模式无法解答。只有从教学项目层面考察，将管理作为项目系统中浑然一体的因素来研究，才能解答不同教学形态下的管理问题。例如，刘颂浩构想的中国高校对外汉语"教学管理模式"，着重讨论了管理问题，不过该管理模式大概是以北京大学对外汉语教育学院的常规汉语教学作为典型对象，换句话说，这一管理模式不可能适合国内所有的对外汉语教学形态。那么它到底适合什么样的教学形态，适合在什么样的教学项目中实施，如何与教学形式和项目系统中的其他因素相融合，仍需做出进一步的回答。所以，尽管我们已经把国际汉语教育研究的视野从课堂教学扩展到了教学管理，但对教学与管理的分析仍然受限于条块分割的讨论，而从语言项目层面探索国际汉语教育模式则必须以整合的视角来获得系统的答案。

教学模式的设计体现的是一种理想化追求，如果没有这样的追求，教学模式的发展就会失去动力和方向，不过，任何一个教学模式是否有效都有待实践检验。从语言项目角度考察国际汉语教育模式，将有利于将课堂教学与不同的项目情境结合起来，从而有效避免仅从理想化而非实际可行的层面来研究教学模式，因为理想的教学模式和实际运行的教学模式常常存在差距。以国内大学普遍采用的"分技能教学模式"为例，"分技能教学模式"在理论上要求各种课型相互关联，所以，教学时各门课程需采取"捆绑式"合作教学方式，但现实中绝大多数学校并没有真正贯彻这一合作教学方式，而是"采取了大学里通用的专

业课教学管理模式"，各任课教师独立负责自己所教课程，彼此之间缺少合作，教学基本上处于各自为政的状态。显而易见，理论设计和实际运行是两个层面的问题。目前的分技能教学模式饱受诟病，笔者认为，并非该模式缺乏理论依据，而是由于该模式在设计时没有从项目管理上严格界定实施的条件，或者说在实际运行时要达到其理论要求存在种种障碍。

　　教学有效性是"有效教学"（effective teaching）理论研究的核心内容，我们还可以从有效教学理论视角来观察国际汉语教育模式的有效性。最近几十年来，有效教学理论作为一种世界性的教育改革诉求，在国内外引起了广泛关注，追求教学活动的效果、效率和效益日益成为教育工作者评价教学活动的时髦话语与大众术语，成为理想教学活动的时尚代名词。"有效果""有效率""有效益"是评价有效教学的三个核心标准。"有效果"侧重于从质量维度对教学的有效性做出评价；"有效率"侧重于从时间维度对教学的有效性进行评价；"有效益"侧重于从价值维度对教学的有效性进行评价。就国际汉语教育来说，"有效果"强调具有积极的教学产出成果，显著提高学习者的汉语综合运用能力。"有效率"指在短时间内取得尽可能高的教学产出成果，即"在尽可能短的时间里让外国学生尽快学好汉语"。"有效益"指教学产出符合社会和学习者个人的需求，不同主体对"效益"有不同的追求：对学习者来说，学习成果要能满足其学习、生活和工作等方面的需求；对社会来说，要培养能满足社会需要的具有汉语综合运用能力、跨文化交际能力和国际视野的语言人才；对教学项目来说，需要满足各个项目具体的教学目标和发展目标；等等。

　　一个教学模式能否顺利运行，除了要考虑教学效果和效率以外，还必须考虑教学项目的运行效益。以前我们关注的只是从学习者的角度看待教学效果和效率，而往往忽视了教师和教学项目发展的效益要求。任何一种教学模式即使教学效果再好、效率再高，但如果从语言项目的角度来看是无效益的，或者与大多数教师的个人发展是相冲突的，那么这个语言项目终究是难以保持和顺畅运行下去的。这就是笔者尽管非常推崇明德模式，却不认同把它直接移植到国内高校常规汉语教学项目中的原因。明德模式是语言学习精英模式的代表，精英模式的特点是：学习动力非常强的高质量学习者，富有合作精神的高度专业化教师队伍，小班化个性化的教学方式，精致的教学实施程序，严密的评估系统，有效的管理方式以及高投入的运行成本，等等。明德模式对各方面的条件要求很高，因此，并不适合国内高校的常规项目条件，当然这不排斥对明德模式优点的积极借鉴。从教学效果和效率衡量，现行国内高校常规汉语教学模式尽管不能令人满意，但从成本效应、项目效益和教师工作量投入等方面考虑，分技能教学模式不失为在现有条件下一种可行的教学模式，关键是如何从语言项目的角度在实施中进一步创造条件来贯彻其设计要求以及如何根据不同项目条件加以调整和优化。

　　综上所述，从语言项目所代表的系统论角度来看，在中国高校现有教学和管理制度大环境不变的情况下，国际汉语教育常规模式的效果尽管难以令人满意，但仍不失为一种现实的选择。除非能彻底改革语言项目系统中的其他因素，比如中国高校现行人事聘用、评估和管理体制等；否则对包括明德模式在内的国外优秀教学模式的借鉴或者国内教学模式的改革，其效果都将事倍功半。我们认为，只有把语言项目作为一个系统来考察和研究，深入思考如何从整体上推进国际汉语教育工作的综合改革，才能为构建具有中国特色的优秀对外汉语教学模式提供必要的前提条件。例如，要想充分地发挥高校对外汉语教学和管理人员的积极性，可以考虑将对外汉语教师分成教学科研岗和教学岗两类岗位，教学科研岗采用大学教授系列人员的聘用管理办法，教学岗采用讲师签约聘用管理办法，教学科研岗主要从事国际汉语师资培养方面的教学工作和与学科相关的研究工作，教学岗主要从事针对国际学生的汉语二语/外语一线教学工作。管理人员则一律采用真正的签约聘用管理办法。只有进行这样的人事改革才能减少教学模式创新与对外汉语教师职业发展等方面的各种矛盾和纠葛，做到人尽其责、人尽其能。刘颂浩明确指出，"要想创建优秀的对外汉语教学模式，首先需要改变的，是管理机制"。诚哉斯言。教师聘用制度改革是推进教学和管理工作的核心动力，只有这方面的工作首先有了突破，才能具备实施汉语教学项目模式改革和创新所需的人才基础，而这一点恰恰是我们在借鉴国外优秀教学模式时常常忽视的方面。

从教学法角度来考察教学模式通常只是从学习者的角度关注学生能够达成的语言学习目标，而从教学项目的角度来考察教学模式，除了学生的学习目标以外，同时还要考虑项目中教师和管理者的职业目标以及语言项目自身的发展目标。语言教学法模式关注的重点是课堂教学，一般由任课教师主导；语言教学项目模式关注的是整个项目的运行成效，需要对语言项目进行顶层设计，并协调各方力量整体实施。从教学法和教学项目两个层面来考察教学模式，不但能从理论上加深对教学模式的理解，同时也有利于从教学实践上科学把握语言项目整个系统的规划和运作。经过多年的努力，教学法层面的国际汉语教育模式研究已经结出了丰硕的果实，但从语言项目视角系统探讨国际汉语教育模式的成果仍相当缺乏。本节在谷陵、刘颂浩、汲传波等重视教学管理问题研究的基础上，进一步从语言项目系统的视角来分析教学模式的实效运行和有效性问题，将国际汉语教育模式研究从传统的语言教学法层面拓展到语言项目层面。我们希望这一新的视角能够拓宽国际汉语教育模式的研究范围，揭示出理想的国际汉语教育模式与实际运行的国际汉语教育模式之间的差异和互动，从而为探索可行的、有效的国际汉语教育模式提供一种新的思路。

第五节　汉语国际教育类课程混合式教学模式

汉语国际教育是一门年轻的学科，就名称而言，人们似乎更熟悉"对外汉语教学（育）"，但二者本质相同。学科任务是教授外国学生汉语言知识与技能，培养与提高他们综合运用汉语的能力。那么，需要什么规格的汉语教师呢？陆俭明明确提出："汉语教师不是好当的，从某种意义上来说，比其他院系的教师难当。"而面对 21 世纪世界各国对汉语教育的重视，教师的培养工作就显得尤为重要。调查研究显示，2019 年全国已有 376 所高等院校开设有汉语国际教育本科专业，目的就是培养从事对外汉语教学的师资。运城学院作为一所地方本科院校，也在中文系实验性地设置了相关专业课程。在"互联网＋"背景下，结合学校与学生特点，充分利用现有的海外资源，对课堂教学进行改革，不仅能够引发学生的学习兴趣、改善教学效果，同时还可以促使国际交流顺利展开。

一、汉语国际教育的学科特点

王力先生曾经给这个专业题词："对外汉语教学是一门科学。"何九盈先生在《汉语三论》中把对外汉语教学看作"一门崭新的学科"，他要求"这个学科要有国际视野，历史视角，要有跨学科意识，要有时代精神"。刘珣教授在 20 年前更是提到："对外汉语教育是一门专门的学科、综合的学科，又是一门应用的学科。"语言学、教育学、心理学、文化学、社会学、哲学等是与本学科发展关系最密切的基础理论学科。这些特点决定了汉语国际教育的很多课程都需将理论与实践紧密结合。而以上内容更是要求这个专业的毕业生要具备"良好的汉语言文字学功底，较好的汉语素养和表达能力、一定的外语能力，高度的教育责任心、亲和力以及实事求是的态度、深厚的爱国情怀"等。

二、汉语国际教育类课程的开设与混合教学

运城学院汉语言文学专业根据学校的办学定位和学生国外攻读研究生、就业的需求，在 2017 版人才培养方案中增加了汉语国际教育类课程。其中《对外汉语教育学引论》《汉语作为第二语言教学——汉语要素教学》《对外汉语教学设计导论》便是 2018—2019 学年第二学期、2019—2020 学年第一学期和第二学期为 2017 级汉语言文学专业学生开设的三门汉语国际教育课。在此之前，学生从未接触过类似课程。因此，如何从理性与感性上切实帮助学生更好地了解汉语国际教育是怎样的学科、这些课程的学习能给他们带来什么、如何将理论与实践性都极强的课程上好、引起学生兴趣就成为教师必须思考的问题。

混合式教学是互联网时代出现的教学模式。2003 年，何克抗教授在第七届全球华人计算机教育应用大会上首次正式提出 Blend-Learning 的理念，即把传统学习方式的优势与 E-learning 的优势结合起来，既可以发挥教师引导、启发、监控教学过程的主导作用，又能充分体现学生作为学习主体的主动性、积极性与创造性。

（一）教学内容的混合

互联网的发展打破了"教师是唯一优质的教育资源"的说法，让学生充分利用网络学习，利用慕课将线上课程《汉语国际教育概论》与线下课《对外汉语教育学引论》结合起来，将预习与对照结合起来，同时边看边思考、提出问题，留待与老师同学一起讨论，这一方式对提高学生的自学能力、主动参与课堂极为有利。与此同时，利用 95 后学生喜欢的网站 b 站中的视频来解释教学内容中抽象的理论，加深、加速学生理解记忆，并能够用自己的方式举一反三。比如，在讲解"语言习得理论"中行为主义学习论桑代克的"迷箱

实验"、巴甫洛夫的"条件反射""斯金纳箱"以及认知学习论中的柯勒"猩猩的实验"时，仅靠课本和教师的讲解，根本无法使学生产生共鸣，不但很难理解，而且也容易枯燥无趣。此时利用 b 站中的相关视频资料，很快就能引起学生兴趣，同时他们对教师提出的问题也愿意思考作答，互动气氛非常浓厚。

（二）学习方式的混合

对学生而言，学习不只是个人的事情，自主学习与小组的互助协同一样重要。除了传统的预习复习，学生利用午餐时间讨论当日所学内容，对知识点进行梳理，并在脑中形成思维导图，在学习时将它整理出来。课堂上每人一个知识点的讲解既展示了学生对自学内容的理解，又可以锻炼大家当众说话与"站讲台"的能力。

而小组学习则以宿舍为单位进行。比如，《汉语作为第二语言教学》这门课基本是一半理论一半实践，因此，在全部课程结束后，教师要求学生分组确定汉语教学的主题，语音、词汇、语法等都可以，同时写出教案、做好课件、最终选出一位代表登台讲课，师生配合小老师的讲解，并一同做出评价。由于其他同学的全力配合，所有讲课的"小老师"全部顺利完成任务。在经过九个小组四个学时的赛讲后，按照分数排出名次给予奖励。通过小组协同"作战"、登台讲课，可以看到不同宿舍学生之间的配合与黏性不同，但都为这次小小的比赛做出了努力与精心准备，形成了浓厚的学习氛围。

（三）交互方式的混合

交互方式既包括传统课堂中的师生面对面互动，这可以通过提问、讨论来完成，也包括师生在线上的互动，如电子邮件、微信、学生发送弹幕、投稿、信息、与教师连麦回答问题、限时提交测验题等。2019—2020 学年的第二学期，一场突如其来的疫情使得学校延迟开学，网络直播课在一夜之间成为所有教师新的教学方式，强大的互联网亦加快了混合式教学方式的推进。线上的所有互动都能够利用直播平台（钉钉或者腾讯会议等）+ 雨课堂共同实现。雨课堂对学情的大数据统计使教师更容易掌握学生平时的学习状况，发现学生的问题，并做到及时解决。

此外，在直播授课的过程中，邀请校外甚至国外的学生和老师，通过微信连线通话，与电脑终端上课的学生互动也是一种非常好的方式。例如，在讲解"二语学习者的个体差异"时，为了使学生更直观生动地了解外国学生在学习汉语过程中的不同经历，教师利用已有的海外资源，连线两位性格各异的韩国学生与一位有着 10 多年汉语水平考试（HSK）教学经验的韩国老师，让他们讲述自己与汉语的缘分、与大家分享学习汉语的快乐与尴尬等。学生从三位韩国人流利的汉语表达中，反省到自己的不足，同时纷纷互动留言表示自己应该更努力坚持学习好外语，掌握好这个"看世界"的工具。从外国人学习汉语的过程中受到启发和鼓励，这对学生也是一种潜移默化的思政教育，看到有越来越多的外国人能够讲中文、能够在中国的企业工作，这是一种骄傲与自豪，因为懂中文的人越多，中国文化、中国故事和中国好声音就越能传到外部世界，我们就越有话语自信权。

在多重交互方式中，微信的作用格外突出，通过它，可以极为方便地联系到世界各地学习汉语的外国人。将学生与外国学生建立一对一的联系，使学生既能在线上语音、文字交流，初步了解外国人学习汉语的情况，同时又能开阔眼界，学习外国文化。2019年3月，经过与韩国国民大学、岭南大学、南首尔大学中文系老师的多方协调，选择了56名大学二、三年级的韩国同学，与2017级的52名学生结成对子，用微信一对一交流学习。这一做法引起了学生的极大兴趣，他们拥有了第一个年龄相仿的外国朋友，有些甚至在中国留过学，能说比较流畅的汉语，交流起来相对没有压力。对于汉语水平较低的韩国学生，他们也能借助网络翻译器基本无障碍交流。在微信这个平台上，中国学生帮助韩国学生，直接体验对外汉语教学，并将发现的问题以及自己解决问题的方法带到课堂上与大家分享讨论，反观作为教育主导者的"我"是否很好地完成了"教"的任务，这样的方式韩国学生是否接受等，从而发现自己的不足，激发学习热情。再者，学生也可以通过微信班级群将无法解决的问题随时抛给教师，教师及时解决。这里的学习讨论也活跃了群氛围，拉近了师生距离。从开始的中韩学生有主题学习，到之后的自由主题讨论，两国学生在两个月的时间里通过图片、视频音频互相了解彼此的学习和生活状况，增进感情，有些因此成为朋友。学生还向韩国语伴介绍宣传山西和运城学院，甚至发出邀约，请他们来关公故里——运城留学。一部分学生更是通此次机会对对外汉语教学产生了兴趣，下决心备考汉语国际教育研究生。

（四）教学方式的混合

教学方式的混合不仅是线上与线下的结合，也是教师教与学生教的混合。汉语国际教育是一门实践性极强的学科，如果单纯依靠教师教，学生永远不会体会到教老外学汉语远不是教说"吃了吗"那么简单的"小儿科"。2019—2020学年第一学期，学院有一名来自俄罗斯的交换生Tina，汉语零基础，这样的外国人要怎么教？当时教师正在教授《汉语作为第二语言教学》这门课，理论实践各半，于是要求学生报名，给Tina讲一节初级汉语课。有六位同学非常积极，领到分派的教学任务后，便各自准备。教学内容都是极为简单的日常对话，涉及天气、问路、身体不舒服、到图书馆借书等。这是六位同学的对外汉语教学"首秀"，课前，大家一致认为能够顺利地完成教学任务。但实际却是课中状况百出：媒介语发音不准、无法解释简单语法、不能与Tina顺利交流导致教学卡壳，有的同学虽然可以使用简单的媒介语，但讲解枯燥无趣，等等。课后，大家在"教外国留学生的体会"中都感慨道：面对面教留学生与我原先想象的上课完全不同！课前准备太不充分、英语口语不好、汉语言知识太不扎实、讲课没有趣味……这些都是学生通过讲课得出的结论。大家一致认为，只学习理论或者想当然地认为教汉语很简单，在真正的实践中是寸步难行的。当然这个并不成功的第一次也是他们的宝贵经验，至少懂得了需要在今后更好地完善自己，更多地进行实践。

除此之外，教师还可以邀请汉语流利的外国学生来到课堂，与学生一起互动。2019

年 11 月考取韩国外国语大学韩中翻译研究所的韩国学生吴映慧利用到中国旅游的机会，特意来到学院，与大家分享自己学习汉语考取研究生的故事，并且参与评价"给外国学生讲一节汉语课"，指出大家讲解中的优缺点。与中国同学座谈交流中韩文化的异同，收到了很好的效果。

在地方本科院校中开设汉语国际教育类课程，是一个非常大胆且值得赞赏的尝试。尽管目前存在外国学生少、缺乏实际教学对象、将来实习单位不对口、无法积累实践经验等问题，但随着学校外事部门不断地积极推进与国外大学建立关系、缔结姊妹学校、互派交换生等交流活动的开展，必将促使汉语国际教育日益发展。当交换生与留学生慢慢增加，汉语国际教育专业便能够与学校国际交流中心合作，学生完全可以承担外国学生的汉语课，他们也就有了更多对外汉语的教学机会与经历。此外，若条件成熟，还可以选拔外语能力好、专业素质高、表现突出的学生到国外的姊妹学校实习，实地体会、感受在国外教授汉语的不同。

互联网的快速发展对高等教育产生的影响日趋深刻，教育者必须重新定义课堂教学。教育部吴岩司长在《教育部关于一流本科课程建设的实施意见》中强调指出："教学方法体现先进性与互动性，大力推进现代信息技术与教学深度融合，积极引导学生进行探究式与个性化学习。""强化现代信息技术与教育教学深度融合，解决好教与学模式创新的问题，杜绝信息技术应用的简单化、形式化。强化师生互动、生生互动，解决好创新性、批判性思维培养的问题，杜绝教师满堂灌、学生被动听的现象。"对于这段话，我们可以理解为"互联网背景下的混合式教学模式"应该成为教学改革的一项内容。

汉语国际教育的混合式教学模式充分利用互联网的优势，线上线下相结合，对教学内容混、教学方式混、学习方式混，提高了师生互动率，增强了学生自主学习力与实践力，树立了学科自信，收到了较好的教学效果。但在教学内容的"加减"与作业的布置、培养学生的创新力与解决问题能力、增加学习的挑战度方面仍显不足，需要在今后的教学过程中更好地进行教学设计，以确保"知识被学生有效地掌握"。因为一切以学生为中心才是教学的根本。

第六节　汉语国际教育专业"双创型"人才培养模式

创新是创业活动的前提和基础，创业基于创新，创业推进创新，培养融创新与创业于一体的"双创型"人才是当今高等教育人才培养的重要方向。做好"双创型"人才培养，首先是构建与之相适应的人才培养体系，建立与之相适应的多元化人才培养模式；发力点在于实践教学。将"双创型"人才培养与实践教学体系构建融合，既帮助学生具备职业岗位所需的知识、能力，同时又为创新创业打下坚实基础。以地方高校应用型转型为契机，对衡水学院汉语国际教育专业开展"双创型"人才培养和实践教学体系构建进行探索。

一、构建基于"双创型"人才培养的实践教学体系的意义

（1）促进专业性、应用型人才培养和实践教学改革，促进汉语国际教育专业本科专业人才培养方案的制订。一方面通过培养创新创业和实践能力，帮助学生习得职业专业知识、掌握职业岗位技能，构建属于自己的经验与知识体系、加强学生专业技能教育的同时培养学生创新精神及创造能力、团队精神及协作能力、沟通能力、学习能力、工作态度等方法能力、社会能力和创新精神；另一方面解决汉语国际教育专业实训类教学资源获取和教学技能操练中的"短板"，优化课程体系，拓宽学生的就业途径，完善课程体系与职业技术标准的对接，探讨具有社会责任感、较强创新精神和实践能力的应用型高级专门人才培育路径，推动汉语国际教育专业改革和转型发展。

（2）能够满足专业人才培养规格要求，促进学校应用型人才培养的教学建设体系构建和完善，实现具有校本特色的应用型高校课程教学模式探讨。在理念、目标、组织及教学方式等方面突破固有模式，使学生的学习方式生发显著转变，开发职业岗位群所需能力培养的教学内容，使之与当地文化交流和经济发展互为依存、共同建设，实现地方院校转型期办学宗旨，全面提高服务区域经济社会发展和创新驱动发展的能力，更好地为区域各项建设提供复合应用型优秀人才。

（3）促进课程考核内容和方式改革，培养学生的核心职业技能，形成以检测能力、素质和创新因素为主体的考试内容与评价标准，促进学生将所学基础理论运用到具体分析中，提高汉语教学学习和研究能力、汉语教学资源的研发能力，满足汉语教师知识结构与能力结构的要求，提高学生汉语实践教学的研究能力，充分激发学生的创新意识、创新欲望，挖掘、充实和融入专业课程中的创新创业元素，以帮助学生创造性地开展汉语教学。

二、汉语国际教育专业实践教学现状

经过九年的发展和建设，衡水学院汉语国际教育专业规模已初步形成，如何实现专业特色建设成为各大高校面临的现实问题。随着对外汉语教学机构不断发展完善，汉语国际教育专业形成较为系统的就业岗位链，如汉语教师、汉语教学网站设计、课程顾问、教材出版等。

目前汉语国际教育专业的实践教学环节主要包括专业技能训练、教育教学实习、学年论文、毕业论文、毕业作品设计、教育教学实践周、学科竞赛、创新创业大赛等。在实践教学和教学设计方面，实习实践教学大纲尚不完善，教学目标待明确，教学独立性较差，多为学生的个体活动，缺少师生的有效互动；在学生方面，学生实践教学目的不明确，往往是被动地接受学校的安排，学习兴趣和自主学习意识不强，在实际活动中缺少创新意识和创新需求，难以达到培养学生专业技能和实践创新能力的目的。因此，构建实践教学体系，培养创新和实践能力成为汉语国际教育专业建设的一项重要任务。

三、基于"双创型"人才培养的实践教学体系构建

（一）优化人才培养方案，建立"双创型"人才培养机制

汉语国际教育专业本科人才培养方案的制订和课程的设置都应该围绕实现预期的"学习成果"，主要体现为学校和专业究竟能使学生走向职业岗位时具备什么素质和能力。针对多元化汉语教学需求，汉语国际教育专业人才培养方案的修订，确立了既注重学生对知识的建构，又立足于培养学生职业的核心技能，以实际工作岗位专业能力和相关能力要求确定专业知识和专业技能等教学内容的思路。按照实际教学流程划分出探究性课程＋技能课程＋实践教学的模块化课程体系。新生入学即进行专业导航和核心课程修读指南，就专业定位、专业修学攻略、核心课程修读攻略和未来职业发展规划等问题进行探讨和分享。低年级注重汉语言文化基础知识、汉语作为第二语言教学的基础知识和基本理论。高年级注重教学技能、社会见习、教学实践、创新创业等实践能力的培养。将核心选修课分解成不同模块的课程组，以满足学生个性化的就业需求。同时增设和开发对接行业企业课程组的平台，直接对接就业岗位的需求。

积极探索多元化人才培养模式，建立由学校培养与学生自我发展相结合、第一课堂与第二课堂相结合，以及校内理论教学、模拟教学与校外实践教学相结合的开放式教育教学模式，充分发挥学生、学校、社会在"双创型"人才培养中的多元作用。增设交叉学科和边缘学科课程，培养学生多学科知识结构。有针对性地开展创新创业教育，开展富有专业特色的立体化的"双创教育实践"活动，为学生组织高质量的"创新创业报告""企业大咖进课堂"和"优秀校友创业成功报告会"等活动，充分激发学生的创新意识、创新欲望、创新激情，挖掘、充实和融入专业课程中的创新创业元素。

（二）构建实践教学体系，优化课程内容和模块推动理论与实践有机结合

当前汉语国际教育专业人才缺少的并不是汉语本体知识，而是如何将这些理论知识转变为在外语环境中从事汉语教学的实践能力。基于以技能型和双创型人才培养为导向的培养目标，汉语国际教育专业构建了"一二三"实习育人模式，紧紧围绕"学生发展"这一个中心，完成人才培养"以教为中心"向"以学为中心"的根本转变；坚持"从学校到工作"两个基本点，打通应用型人才培养中的实训、实习和预就业三个关键节点，使学生在实习中最终实现从学业、专业到职业的人生转变。形成面向专业、面向职业的多元化实习实训模式，形成课内课外、线上线下、国内国外交叉连动的实践创新平台和开放性的实践教学体系。从大一到大三，学生通过校内语言技能课和专业实践周经历基础实训、职业技能大赛、创新创业大赛；大三大四，学生以线上汉语教学、线下留学生汉语教学、海外汉语教学的三环连动的实习实训体系经历顶岗实习、预就业。

为了进一步加强对学生综合能力、创新能力的培养，积极探索以分级递进式课程结构，打造多维度、多层次的实践类课程立体教学模式，人才培养要在以下两方面发力。在横向

维度上，人才培养方案的课程设置及实训方案注重探讨专业性和技能型人才所需的汉语教学作为第二语言教学的能力、课堂管理能力、教学资源研发能力、教学技术应用能力和跨文化交际能力。在纵向维度上，对单科课程内容的设置需与学生的实习、实训和就业相结合，聚焦学生"学到什么"和"能做什么"。在具体课程设置上，专业课学习突出理论教学与实践教学相结合的特点，通过课堂训练、教案设计、微格实训、学生试讲、线上汉语教学实践、校内外实习等方式，加强校内模拟实践基地的建设，在校内设立一体化的、综合性、设计性实训教学平台和校内学生创新创业实习的模拟实践基地，开展模拟实践教学活动。通过本科生导师制，将学生与教师的课题紧密结合起来，鼓励和帮助学生申报各级大学生科技创新课题和创新创业大赛，培养学生的创新创业意识和实践教学能力。

（三）创新教学方法和改革考核方式，建立科学的"双创型"人才质量评价标准体系

课堂内外结合改进教学方法和教学手段，强调教学内容的新颖性，培养学生的创新能力，开展创新创业教育，不断更新教学内容，使学生的知识层次和结构与职业标准趋于同步，使学生在现有水平基础上实现创新和突破。实践类课程在教学方法上尝试结合行动导向教学法，主要包括项目教学、案例教学、角色扮演、引导教学等，提高学生的学习兴趣，培养学生的综合职业能力，同时发挥移动教学的优势，进一步优化、完善实践类课程的教学模式。采用微格教学形式翻转转课堂模拟教学任务。例如，将教学技能类课程的教学主题与今后网络汉语教学实习和泰国汉语教学实习相对接，学生录制微课并反思，充分发挥教师的主导作用，调动学生的积极性，帮助学生更好地自查和更正，保证教学质量，培养学生具备一定的分析和解决教学实际问题的能力，为学生提供多线程的学习方式。

在此基础上强调学生问题意识和思维能力训练。改变传统的终结性评价模式，积极探索基于过程的评价模式，改革课程考核内容和方式，增设自主学习学时，通过创设自主学习任务、实践教学报告、创新创业案例、教学项目等形式，培养学生的创新思维，将思维、知识、教育教学技能等要素纳入课程评价体系，基于学习过程及综合任务实施中学习共同体的活动、创新性、讨论参与度、作业互评、班级研讨、实践报告等方面的情况判定出学业成绩，确立以检测能力、素质和创新因素为主体的考试内容与评价标准，将"双创"精神和能力纳入考核指标体系。

培养双创型人才既是我国发展高等教育的需要，又是实现特色学科和校本课程建设的重要途径。基于"双创型"人才培养需求，结合不同类型汉语教学职业要求与汉语教师的知识结构和能力结构要求，优化汉语国际教育专业本科人才培养方案，以课程为依托，研究学生的职业能力和创新创业能力，将实践教学内容与岗位技能标准有效对接，将群体化教学与个性化需求融合，满足专业人才培养规格要求，促进学校应用型人才培养教学建设体系的构建和完善，促进具有校本特色的应用型高校课程教学模式的探讨。

第五章　中外文化交流

第一节　中外文化交流的特点及其启迪

　　古代中国处于世界古代文明的领先地位,长久以来中国不断向周边国家和地区乃至欧、美、非输出先进的科技和文化。中华传统文化奠基于先秦,特别是春秋、战国时期,这一时期的重心是华夏族内部各种文化的酝酿、争鸣、融会与集结,几乎未受外来文化的影响;秦汉以后中华传统文化进入发展时期,先后有印度文化、阿拉伯—伊斯兰文化和西方文化等传入,与中华传统文化撞击和交汇;中外文化交流的内容是多方面的,不仅包括中原和汉族,而且还包括周边各少数民族,甚至还包括海外的其他民族和国家。

一、中外文化交流的特点

　　中国历史上主要有两次文化大交汇,第一次是在汉唐时期,主要是佛教文化的交融;第二次是从明万历年间至今,主要是西方科技、艺术、思想观念、社会风俗等方面的文化交融,影响着每个人的生活。

　　汉唐时期。中外文化第一次大交汇是在汉唐期间,尤以汉代和唐代为盛。汉代和唐代吸纳的外来文化,从地域来说,主要是西域(中亚和西亚)以及南亚次大陆。从内容上来说,主要是宗教哲学。

　　佛教从汉代进入中国以后,不断汲取中国文化,逐渐成为中华传统文化中的一员,形成儒、释、道三教并存的局面。东晋以后,佛教广为传播。自隋唐开始,佛教逐渐为中华文化吸收,先是出现了天台、华严、禅宗等中国化的佛教宗派,紧接着就是进一步被中华文化所吸收,形成宋明理学。从汉朝到宋、明,在佛教与中华文化的碰撞融汇过程中,它对中华文化的发展产生了多方面的影响。

　　这一时期文化交流的特点都是源于佛教文化的交流对当时社会的影响。第一,这一时期的文化交流对中国文明的影响具有历史性和复杂性的特点。佛教自汉代传入中国以后,不断汲取中国文化并与中国文化相融合,逐渐成为中华传统文化中的一员,形成儒、释、道三教并存的局面。佛教在中国古代的传播过程中,形成了三论宗、天台宗、华严宗、法相宗、律宗、静土宗、密宗和禅宗等众多派别,从多方面丰富了中华传统文化的内容。大量的佛教经典作为佛教文化的载体，也成了佛教文化传播的重要途径。宋明时期的儒学也吸收了一些佛教的思想，形成了一套完善的哲学体系。第二，这一时期的文化交流对中国的文学艺术产生了深远的影响。佛经中的故事通俗易懂，影响了中国的章回体小说。吴承恩《西游记》中的许多神话故事都是来源于佛经。佛教思想直接影响了陶渊明、王维、白居易、王安石、苏轼等文学家的创作，许多带有禅宗思想的诗歌相继出现。中国著名的石窟壁画艺术和寺庙建筑也深受佛教思想的影响。

明末清初时期。明末清初以利玛窦为先驱的一批欧洲耶稣会士的东来，使中西文化有了第一次真正直接的交流。明末清初这两百年的时间里，是中西文化第一次较大规模的真正直接的交流与接触，并具有相互学习、平等交流的特点。

这一时期以意大利人利玛窦为代表的西方传教士来到中国，传授西方先进的科学知识，翻译西方科学著作，不仅带来了天文仪器、自鸣钟、地图、眼镜等科学仪器和科技制品，而且翻译出了大量的科技著作，主要介绍天文、数学、地理、物理、医学、水利等西方近代科学知识。中国当时的学者对西方文化持认可的态度，并认真吸收西方的先进科学技术，把它们与中国传统的科技相结合。当时的许多思想家也深受西方启蒙思想的影响，掀起了早期启蒙思想的思潮。西方传教士也为古老的中国文化传入欧洲做出了巨大贡献，促进了中学西传。西方传教士翻译了大量的中国古代典籍，让欧洲更加了解中国古代经典和儒家思想，同时了解中国人尊重的圣人孔子。他们还编写著作多方面地介绍中国的历史，他们还具备一定的天文和地理测绘知识，绘制出了更加精准的中国地图，让西方世界了解中国。

近代时期。近代的文化交流是伴随着战争和武力压迫而来的。18 世纪末 19 世纪初以来，欧洲进行了大规模的工业革命，使得欧洲的经济得到飞速的发展。而中国仍然处在封建的自热经济社会中，封建制度开始走向没落。近代中外文化的交流就是在这样一种历史背景下进行的。近代的中外文化交流不是以一种平等有好的方式进行的，而是伴随着暴力和血腥而来的，带有一定的征服性质。因而，近代中外文化交流有了自己的特点。一方面，中国对西方文化的接纳具有一定的主动性，但也对一部分西方文化采取抵抗的态度；另一方面，近代文化交流是在和平友好的交流与暴力战争之间进行的。

西方的殖民统治者用战争的方式打开了中国的大门，使中国原有的政治、经济、文化都发生了巨大的改变。一部分的封建统治者意识到我们应该向西方学习，提出了"师夷长技以制夷"，主张学习西方先进的科学技术并以此来维护封建统治，抵抗外来侵略。清政府开展洋务运动，在全国各地兴办各式新式企业和工厂，培养大量掌握西方先进的科学技术的新式知识分子。在各种实业发展的过程中，一些知识分子发现光靠学习西方先进的科学技术是不行的，还要学习他们的思想，学习他们的制度，从根本上改变民众的思想，改变中国的社会制度，才能打败殖民统治者，振兴中华民族。这些改革运动都是由于清政府与外来列强签订了一系列的不平等条约换来了短暂的喘息机会而得以进行。

进入 21 世纪以后，全球一体化进程越来越快，中外文化交流越来越频繁。中国现代化的程度越高，与世界的联系就越紧密，与世界各国的文化交流就越来越紧密，只要中国现代化的步伐不停顿，就会努力去促进与世界的文化交流。当今社会中外文化交流的一大特征就是较强的包容性。中国是一个大国，文化的包容性较强。随着国力的增强，拥抱世界文化的胸怀会更加宽广。

二、对现代中外文化交流的启迪

处理好中国传统文化的传承问题。在当今社会的中外文化交流中，我们在认同当今文化时很容易忽视对传统文化的继承；弘扬民族传统时又容易和当今文化形成对立局面。一部分中国人正在慢慢忽视对中国传统文化的继承和弘扬，认为中国文化落伍了，只有外来文化才是先进的、符合社会发展的；而另一部分中国人希望通过排斥西方文化来弘扬传统文化，以此重塑国家形象。在中国文化现代化的进程中，一定要处理好外来文化与中国传统文化的关系，要用现代的理念、现代的方式去继承和弘扬中国传统文化。

处理好中国文化的民族性问题。中外文化交流决不能忽略文化的民族性。中国文化要想真正得走出去，真正扎根，必须具备中国的民族特点。民族性是中国文化存在的必备的形式；相反，文化的民族性，只有具备了时代性或先进性之后，才可以传播和发展。时代性必须依赖于民族性才能生存；民族性只有寄托于时代性才可以保持。

注重国民素质的提高。在今后的中外文化交流中，中华民族能否立于不败之地，能否通过文化交流促进中华文化的现代化，归根到底要看民族素质的高低。一个民族国民素质的提高，只能随着人民的富裕和社会的进步而改变。在当今社会，就是随着现代化的进程而逐步发展。随着国民的素质的提高，又反过来推进现代化的进程。民族文化素质提高了、国民素质提高了，既可以放眼全球，将高水平的文化引进到中国，又可以向世界传播优秀的中国文化，在中外文化交流中永远立于不败之地。这种高素质、高水平的文化交流还会造成一大批学贯中西的学术大家，将中外文化的研究推向新的境界。归根到底一句话，新时期的中外文化交流的面貌主要是由中国人的素质来决定的。

注重维护国家文化安全。在进行中外文化文化交流的过程中，我们必须保持清醒的头脑，时刻把我国的国家文化安全放在第一位，坚持以社会主义的利益为根本。因此，在中外文化交流过程中，要取其精华，抵制和排斥国外文化的糟粕，来维护中华民族优秀文化的稳定以及安全。中外文化的加强交流的过程中，一定要在我国民族文化的基础主体下以马克思主义思想为指导方向，学习引鉴国外的优秀文化，取国外优秀文化的之所长，将我国文化建设成为具有中国特色的社会主义民族文化。

中外文化交流既是世界文化民族化的过程，同时也是民族文化世界化的过程。现如今，中国正在实施"一带一路"战略，而这个战略的实施离不开中国文化的支撑，中外文化交流也是"一带一路"战略实施的重要基础，通过文化交流能够促进我国与各国人民的感情沟通与交流。与此同时，中国以文化交流为切入点，以平等、真诚的姿态和开阔的胸怀加强与世界各国人民的交流练习，使"一带一路"建设能够吸引更多的国家参与和支持，让中国与各国人民一道为构建人类命运共同体而努力奋斗。

第二节　中外文化交流史研究中的"全球史"

中外文化交流史研究中的"全球史"转向，既是全球史研究的题中应有之义，同时也是中外文化交流史学科发展的内在理论。在中外文化交流史研究的基础上引入新的理论方法，从长时段、大范围考察多文明互动的历史格局，通过超越狭隘的"中国中心观"考察多文明互动过程以及互动双方或多方"中心—边缘"观念的变化，有意识地摒弃"中心"意识和"我者"意识，以一种"鸟瞰者"的姿态观察"我者"和"他者"在多文明互动中的历史，重视"他者"在"我者"历史发展中的作用。通过宏大叙事与微观考察的结合，依托中外文化交流史差异化的微观历史个体，来折射宏大历史。中外文化交流史研究中的"全球史"转向可以对以往许多问题做出重新阐释，进一步拓展对中外文化交流史的理解和认识。

历史研究的重大突破和进步需要史学理论和研究视角的转向。纵观史学史的发展，史学研究的转向经常发生。每一次转向也是史学研究顺应社会发展的结果。

张广智认为西方史学经历了五次重大的历史转向和变迁：第一次是西方史学的创立，发生在公前 5 世纪的古希腊时代；第二次产生于公元 5 世纪，从古典史学转向基督教神学史观；第三次从文艺复兴开始，人文主义史学诞生；第四次发生在 19 世纪与 20 世纪之交；第五次发端于 20 世纪 50 年代前后。最近的一次风向转变发生在 20 世纪七八十年代。随着以所谓的"文化转向"或"语言学转向"为标志的当代西方社会思潮在人文社会科学领域产生广泛的影响，加之 50 年代后形成的社会史或社会科学史研究日益暴露的问题，出现了以新文化史兴起为标志的新的转折。近年来，随着全球化的进展，越来越多的史学家把目光逐渐转向了全球史，伊格尔斯和王晴佳在《全球史学史》一书中，将冷战后史学出现的新动向概括为五个方面，"新文化史"与"全球史"位列其中。

"全球史"认为，人类自诞生就处于不断扩大交往范围的进程之中，各个文明的发展不是孤立的，而是不断地与其他文明进行交往，在这个过程中，"互动"构成历史发展的重要动力之一。"全球史"超越以"民族国家"为单一框架的历史书写模式，探寻"民族国家"之外的历史书写模式，将跨民族、国家、大洋等跨文化互动作为历史书写的新模式。并且在史学次学科如社会史、性别史、经济史、环境史等领域出现了"全球转向"，如彭慕兰的《大分流》代表了经济史的"全球转向"。

在当今世界联系日益紧密的大环境之下，全球史如果缺乏中国史就是不完整的，而在中国史的研究中也迫切需要了解和引进全球史。反映历史变迁的历史学理应随着历史的发展来展现新的姿态，全球化在何种程度的规模上展开，历史学就将在相应的规模上展开理论的建构，时代需要我们从长时段、大脉络来把握过去的历史。

作为跨民族和国家色彩浓重的中外文化交流史，在其研究中引进和应用全球史的理论和方法，是顺应史学发展和转向的应有之义。如何理解中外文化交流史的全球史转向，理应引起史学工作者的深思。

一、全球史转向是中外文化交流史发展内在理论之必然归趋

不同人群的相遇形成了交流，"我者"与"他者"的建构形成了中外不同的文化，中外文化交流史应运而生。中外文化交流史源于晚清域外史地和西北舆地史学，并在此基础上发展为中西交通史。有的学者认为，中西交通史即中外关系史。中西交通史是在鸦片战争之后经世致用史学思潮的推动下发展起来的，从一开始就是充满忧患意识的产物，并且结束了长期以来作为地理、杂史附庸的历史，成为一门历史学的分支学科而发展起来。可以说，中外文化交流史的产生和发展是时代的产物。而随着全球化的发展，中外文化交流史进行全球史转向也就不可避免。

这种转向有深刻的学科发展背景：一是研究视野的逐渐扩大。过去学者在研究过程中对中外文化交流史与整个历史发展联系的考察比较薄弱，多关注中外物质文化交流发生发展的状况，而相对忽视这些交流在整个世界历史和中国历史演进中的地位和作用的探讨。随着中外文化交流史学科的发展、中外史学交流和全球化发展，中外文化交流史进行全球史转向也就成为题中应有之义。二是研究方法的多元化，20世纪前半期的中外文化交流史研究形成了语言学考察、中西史料互证、实地考察法等在内的研究方法，从整体来看较偏重于考据之学。20世纪80年代以后，学者除继承和发扬这些方法之外，更不拘一格地将其他领域的诸多方法，如诗文补证法、统计法、图像考证法等引入这一研究领域，研究方法的多元化为这种转向奠定了方法论上的基础。三是在研究范围上更多地尝试多学科的协作，顺应当代学科发展之间相互渗透的趋势。对于中外文化交流史研究来说，多学科协作显得尤为重要，因为中外文化交流史既涉及政治、经济、民族、考古、宗教、文学、艺术等人文社会科学，同时又与地理、医学、生物、工艺等自然科学有着密切的联系，因此，从跨学科角度对中外文化交流史上的问题进行多方位的考察，能够进行更加深入的研究。这种多学科协作也使得中外文化交流史更具有宏大视野，为转向奠定了宏大叙事的基础。

总之，中外文化交流史的全球史转向不仅仅是全球史理论和方法外在影响的结果，也是中外文化交流史自身发展的需要，更是史学发展内在理论的必然归趋。

二、超越狭隘的"中国中心观"是中外文化交流史研究全球史转向的关键

传统的中外文化交流史多站在"我者"的角度来考察中外文化交流，难免在研究中表现出一种"中国中心观"的倾向。"全球史观"旨在超越传统历史研究中的"欧洲中心论"，

建立一种超越狭隘民族和国家界限、公正的评价各个时代和各个地区的一切民族建树的整体历史观。在中国史研究中，虽然"欧洲中心论"的影响几乎没有市场，但我们也要反对和警惕狭隘的"中国中心观"的膨胀。首倡"全球史观"的英国历史学家巴勒克拉夫认为："世界上每个地区的各个民族和各个文明都处在平等的地位上，都有权利要求对自己进行同等的思考和考察，不允许将任何民族或任何文明的经历只当作边缘的无意义的东西加以排斥。"而在传统的中外文化史的研究中，研究者过多地强调历史上的一些发明、创造或者先进事物的出现都是中国古已有之，由中国传播向世界，这种认识是偏颇的，是一种自我中心意识的表现，我们在研究中外文化交流史中尽管不可能完全模糊中外界限，但是应该摒弃这种文明中心史观意识，对各种文明进行平等思考和考察。

值得注意的是，近代学人已经尝试摒弃"中国中心观"的狭隘史观。梁启超认为，旧史家弊端"知有一局部之史，而不知自有人类以来全体之史"，并且明确指出"欲求人群进化之真相，必当合人类全体而比较之，通古今文野之界而观察之"。陈黻宸1902年所发表的《独史》一文认为："五洲通道，各帝一方，例无高卑，义殊华狄，史固不能详中而略外，为年月以统之，而以外从中，庶几次第秩然，案籍可索。""若华盛顿、林肯、威廉、维多利亚诸君，功施当时，泽流后裔，其德可称，其名可贵，亦附之列传之中，与我国帝王同垂。"由此可见，克服"中国中心史观"已经是前辈学者所注意到的问题。然而，由于受传统的华夏中心观和意识形态的影响，中外文化交流史不同程度地呈现出"中国中心观"的话语取向。林甘泉先生认为："中国是一个历史悠久的文明古国，曾经对亚洲和世界有过重要的影响。要说中国在近代以前很长一个时段中，曾经是东亚地区的中心，居于领先的地位，这是符合历史实际的。但要说曾处于世界经济的中心，则不符合史实。"因此，超越狭隘的"中国中心观"是中外文化交流史研究中全球史转向的关键。

三、贯彻"互动"理念是中外文化交流史研究中全球史转向应该遵循的原则

全球史家认为，互动是全球史观的核心理念。互动，即不同地域、不同民族、不同文化之间的人群通过接触在经济、政治、文化等多领域进行的交往。"互动"理念既可成为匡正以往"西方中心观"的利器，同时为书写新的全球史提供了多种思路和指南。"互动"理念也可以为克服中外文化交流史研究中的"文明中心史观"，书写新的中外关系史提供多种思路。

中外文化交流史比较注重两个文明之间的直接交往，而全球史研究对跨文化互动进程给予了较多的关注，不同文明之间的交流主要表现形式就是多文明的互动与共生。纵观历史，贸易和商业交流通过推动系统化的互动而对个体社会和整体世界的发展都产生了深刻的影响，这种互动有时甚至是在相距遥远地区之间进行的。多文明的互动与共生有助于塑造参与多文明的互动国家的经济和社会。多文明的互动与共生通常以贸易网络体系的形式

出现，不会仅仅涉及两个国家，因此，多文明的互动与共生也有利于物种、技术和文化的交流。而物质交流、移民、技术传播等都是中外文化交流史研究容易忽视的内容，只有破除"中国中心观"，运用多文明互动理念实现中外文化交流史的全球史转向，才有利于我们对上述内容进行全面考察。

不仅如此，全球史"更加关注产生于某个地区的创造发明、某个发现甚至某种文化现象在世界范围内引起的连锁反应"。例如，近代早期墨西哥、秘鲁的白银开采对欧洲、南亚和中国社会经济的产生了巨大影响，这就超越了中外文化交流史仅仅关注直接交流的视角，破除传统的"中国中心观"，扩展了历史考察领域。

我们在研究中外文化交流史中，要将这种交流放在更广阔的背景下来把握，客观地去理解中国文明在世界中的地位和价值，才能在中外文化交流史研究中得出更客观的结论。从这个意义上说，在中外文化交流史中引入全球史的理念和方法是学科发展的需要。另外，破除"中国中心观"不仅仅是一种方法和视角，更具有价值取向的观照。

四、中心—边缘视角是中外文化交流史研究中全球史转向的一个重要观察方法

中心—边缘视角来自经济学理论，它已经成为世界史研究的一个重要模式。伊曼纽尔·沃勒斯坦在建构他的世界体系理论时，就将世界看作一个整体，由中心区、半边缘区和边缘区三部分连接而成。其他学科也在应用这种理论来研究相关问题。传统的中外文化交流史的研究，将"中国"视作"中心"、"外域"视作"边缘"来考察相关问题，预设了一种二元对立，并在传统的华夏中心观和意识形态的影响下，把"中"作为"我者"，"外"作为"他者"。中心与边缘、我者与他者的划分，对于中外文化交流史中民族认同的建构具有重要的影响，使得中外文化交流史的研究在一定程度上禁锢在自我优越感之中，轻视作为"边缘"的"他者"在历史发展中的作用。

萨义德在《东方学》中认为，"每一文化的发展和维护都需要一种与其相异质并且与其相竞争的另一个自我（alter ego）的存在"，"每一个时代和社会都重新创造自己的他者。因此，自我身份或他者身份决非静止的东西，而在很大程度上是一种人为构建的历史、社会、学术和政治过程，就像是一场牵涉到各个社会的不同个体和机构的竞赛"。在人类社会发展史中，每一种文化都将自身视为当然的中心地带和文明所在，从中心到边缘的地理构架反映到文化观念上就是发达文明与欠发达文明，但历史事实表明，所谓"中心"与"边缘"是变动不安的概念，"中心"与"边缘"之间常有互动、杂混的现象发生。以中国历史上的夜郎自大记载为例，从传统史学视角来看，这仅仅是张骞探寻西域道路的记载而已，充分反映了夜郎国由于地处荒蛮之地，坐井观天，成为汉朝人嘲笑的对象，是将夜郎国作为边缘来看待的。而从全球史角度来看，这不是一个笑话，而是自我中心意识的表现，是世界历史上各文明非常常见和自然的表现。"中心"是相对的，在一个考察领域内处于"中

心"地位的内容，在另一个考察领域中可能就成了"边缘"，而在更大的考察领域中可能就完全失去意义。全球史摒弃文明中心史观，也就不以中心—边缘视角来看待世界各文明，认为世界历史本来就没有一个确定的中心，"中心"是在人们的意识中构建的。从还原历史的角度看，应该反对中心—边缘视角，以一种变化的对等的视角看待历史上的各种文明。

对"边缘"的建构是多元文化互动的结果。在与异质文化互动中，随着"中心"与"边缘"的意识确立，正视并接受边缘，尊重、包容、认同"边缘"，由此增进"中心"（"我者"）与"边缘"（"他者"）的相互理解，多元文明的共生才可能实现。从中心—边缘视角摒弃中心—边缘视角，以相对客观的视角观察不同文明之间的互动，重新审视中外文化交流史，对我们更好地处理历史上曾被作为边缘的"他者"的历史地位，重新看待多元文明互动共生局面的形成，具有重要的意义。

另外，中外文化交流史注重双方交流过程的历史叙事，较少关注双方互动之后的社会变化，全球史认为，多个文明在互动之后对各自的社会产生了不同程度的变化，更加重视"他者"在"我者"社会发展中的作用。因此，在中外文化交流史研究中，考察互动过程及双方中心—边缘观念的变化，是一种可取的全球史取向和尝试。另外，从这一观念出发，有意识地摒弃"中心"意识和"我者"意识，以一种鸟瞰者的意识观察"我者"和"他者"也是一种有意义的尝试。

五、宏大叙事与微观考察相结合是中外文化交流史研究中"全球史"转向的发展方向

宏大叙事是任何民族或文明表达自己的价值观的一种历史叙事方式。我国学者在史学界在一些重大问题上话语权的缺失，都可归因于微观考察的滥觞。微观考察越来越表面化、孤立化，无论从研究实践上还是在观感上，都不可避免地表现出"史学碎片化"的趋势。"史学碎片化"使得历史研究中对细部的历史越来越清晰，而对整体历史的把握却越来越混沌，不再注重于究天人之际、通古今之变。

中外文化交流史由于长期受视野的局限以及乾嘉考据学的束缚，研究的微观化倾向越来越严重，缺乏对整体历史的关怀和全面联系与贯通，往往注重于微观的历史现象叙事，关注微观事件的来龙去脉，不能对其进行深刻的分析。微观考察虽然描述了人类的多样性和历史的差异，凸显过去较少为人所知的微观历史，但是它无法诠释历史上已经发生和正在发生的重大转变。

全球史和传统意义上的宏观史学有所不同，它虽然致力于通过跨学科、长时段、大范围、全方位地探讨和关注人类社会的相互联系与互动，尤其是以关注跨越地域和种族的互动与交流为特色，但是并不排斥微观史学，它已经跳出了以往建构宏大体系与理论的框架，将宏大叙事与微观视角相结合，开辟出一种新的研究范式。因此，笔者认为，宏大叙事不一定必然是宏观历史或通史表达，它也可能通过微观的个体生活叙事或某个专题研究来表

达，通过微观事件见证宏大的历史脉络。中外文化交流史研究中的全球史转向并不排斥对中外文化交流中的微观考察；相反，这种转向依托于中外文化交流史那些差异化的历史主体，中外文化交流史能给这种转向提供更广阔的语境，如罗斯·邓恩的《伊本·巴图塔的冒险经历：一个 14 世纪的穆斯林旅行家》，将一个曾到过中国的穆斯林旅行家置于广阔的历史情境中，探讨其流动的全球性意义。

历史形态本身就具有的复杂性，中外文化交流史研究全球史转向和中外文化交流史的微观考察往往交错在一起。微观的个体生活往往牵连宏大历史背景，而微观历史通过个体折射宏大历史，在宏大历史表现中关注微观或者试图用微观的个体的行为来实现宏大历史是全球史转向的发展方向。在中外文化交流史研究全球史转向中对宏大叙事把握上的变化，也更多地体现在依托中外文化交流史的微观叙事的艺术表达，并且在一定程度上改变了宏大叙事高不可攀的距离感。因此，宏大叙事与微观考察相结合是中外文化交流史研究中全球史转向的发展方向。

六、关注人与自然，甚至宇宙互动是中外文化交流史研究中"全球史"转向的新视域

全球史倾向于关注那些影响人类社会历史发展进程的全球性问题，这样研究人与自然，甚至宇宙的历史，就理所应当地进入全球史家的视野。

如今人与自然的问题越来越成为地球人的共同话题，如生态环境问题、气候变化问题、能源问题、食品问题、疾病的传播与扩散、物种的入侵与传播等，而这些问题也正是中外文化交流史所忽视的问题。这些问题并不是只是近现代社会才面临的，前现代社会古人就已经关注人与自然问题了。

人与自然、宇宙的互动绝不是单个文明所面临的问题，往往涉及多个不同文明，因此，这个问题理应是中外文化交流史的关注课题之一。而过去中外文化交流史多关注于政治关系、外交、战争和使节往来等人与人的问题，人与自然等环境问题往往被忽视，因此，中外文化交流史研究引入人与自然、宇宙的问题是必要的，是中外文化交流史学科发展的需要。

谈到人与自然、宇宙的互动就不能不谈及环境史的问题，20 世纪 60 年代以来，环境史作为一个研究学科是在美国兴起的，大致上在 20 世纪 90 年代传入中国。但是全球史关注人与自然甚至宇宙的互动不同于环境史，环境史多关注生态环境问题，而全球史关注的范围不仅仅是生态环境问题，还有人与物种的互动、人与自然的互动甚至人与宇宙的互动，关注疾病传播、气候与人的互动，等等。如果说环境史很大程度上是当今生态环境问题在史学研究中的反映，那么全球史关注人与自然甚至宇宙的互动是在人类认知和历史观的扩大为背景产生的。在不同文明的互动中，人类曾共同面对的人与自然甚至宇宙的互动，因此，中外文化交流史也必然对此问题进行进一步的关注，从这个意义上说，关注人与自然

甚至宇宙的互动是中外文化交流史中"全球史"转向的新视域。

全球史研究历史上人类及其社会与环境之相互作用的关系，通过反思人类中心主义文明观来为人类文明寻找一种新的诠释。中国传统史学已有非常丰富的历史地理学研究成果，其中也包括许多关于环境史的研究内容。然而，传统的历史地理学研究模式多以自然为研究的主要对象和内容，研究旨趣重点在考察动植物的迁徙、森林和草原的变迁、气候环境的变化等，往往忽视环境与人类社会的互动关系。在研究方法上只重视历史文献研究法，忽视自然科学领域研究的成果。不论是中国的历史地理学研究还是海外的中国环境史研究，其主要成果都是专题或地域性研究，尚缺乏宏大叙事著作。因此，在关注人与自然、宇宙的互动过程中，跨学科的合作仍然有很大空间，我们应充分利用历史文献研究法、自然地理学研究法、生物学研究法等方法研究相关问题，这也是全球史倡导的方法和视角。

全球史涉及多个文明之间的互动，并且又涉及长时段、大范围、宏大叙事的历史考察，因此，中外文化交流史在关注人与自然、宇宙的互动问题时引入全球史的互动观、宏大叙事及跨学科合作的方法和视角很有必要，在关注人与自然、宇宙的互动中能够进一步开拓中外文化交流史的新视域，同时也赋予中外文化交流史更多的价值关怀。

总体上来说，中外文化交流史的全球史转向，既是全球史的题中应有之义，也是中外文化交流史学科发展的内在理论。全球史的转向并不是否认中外文化交流史的研究方式和成果，也不是刻意建立什么新学科，而是在此中外文化交流史研究的基础上引入新的理论方法，从长时段、大范围考察多文明互动的历史格局，通过破除"中国中心观"考察多文明互动过程以及关注互动双方或多方认知观念的变化，从这一理念出发，有意识地摒弃"中心"意识和"我者"意识，以一种"鸟瞰者"的姿态观察多文明在互动中的历史，重视"他者"在"我者"历史发展中的作用。通过宏大叙事与微观考察的结合，依托中外文化交流史对差异化的微观历史个体，来折射宏大历史。在中外文化交流史研究中更加关注人与自然的关系能够进一步开拓学科的新视域，也赋予中外文化交流史研究更多的价值关怀。总之，全球史给中外文化交流史带来了新的启发和思考，也带来了更多的机遇。它不仅给我们研究中外文化交流史带来了新的视角和方法，也赋予中外文化交流史更大的历史价值。中外文化交流史研究"全球史"转向可以对以往许多问题重新做出阐释，进一步拓展我们对中外文化交流史的理解和认识。因此，中外文化交流史的全球史转向能够为我们的历史研究开拓新的领域。

第三节 中外艺术交流中跨文化语言障碍

实现跨文化沟通，首先要了解双方的艺术和文化，双方在艺术和文化方面的差异，导致在跨文化沟通中出现很多的障碍。通过分析发现，文化之间的差异是造成跨文化沟通中语言障碍的主要因素。针对中外艺术交流中的跨文化语言障碍进行分析和研究，形成一个解决中外艺术交流中的跨文化方案，这对促进东西方的文化艺术交流具有重要意义。

一、跨文化语言

语言是人类实现信息交流的重要手段，它不仅是一个国家的发展基础，更是区域与区域之间、国家与国家之间的有机联系，更重要的是语言可以帮助人们去创造新的文化体系。语言正是属于这一文化体系中的一个子系统，语言也是文化的一种表现形式，语言与文化是分不开的，两者不能独立存在。不同的文化会引申出不同的语言印记，跨文化交流不仅仅是单纯的两种语言之间的交流，而是语言所蕴含的文化与文化之间的深入交流。语言文化也是随着文化的变化而不断发展变化的，可以说，文化是人类自身创造的，根据其自身所存在的美学观点，在改造大自然的过程当中创造了一系列的成果，因此，对于那些外来的刺激及观赏性强的艺术形式也会因文化的不同而不同。

语言就是当前人类使用范围最广泛的符号标志，人类创造符号的初衷与其生产生活密切相关，且其含义也是为了能够将不同的事物进行有效的区分。对于理解人类文化中生产生活的多样性来说，用理性来理解就显得有些不充分，但是所有的文化形式我们都可以用符号这一形式来体现，只有真正了解语言交流中的差异，才能对跨文化艺术交流有进一步的认识。

二、中外艺术交流中的跨文化语言

对于艺术交流来说，不同的国家和民族之间一直将艺术交流看作是相互了解和沟通的重要工具。艺术可以说是无国界的，但是由于艺术的表现形式在不同的国家和地区都是不同的，所以，在交流的时候还会出现很多的问题，交流人员的语言基础以及交流者对人文风俗的了解程度等都会影响到艺术活动的正确交流。

在跨文化交流过程中，首先遇到的问题就是语言问题，为了更好地进行艺术层面的交流和沟通，对跨文化语言的运用首当其冲。即便双方都掌握了一些对方的语言，但是因为不熟悉彼此文化，在实际交流的时候也不会很顺畅。之所以会出现这一原因，主要是两方面造成的：一是交流者并没有完全具备灵活运用对方语言的能力，很多只是了解了皮毛，并没有进行深入的学习；二是对语言文化差异了解得太少，很多时候虽明白对方说话的含义，但还是把语言之间的文化差异忽略掉，这样就会造成很大的语言障碍，导致双方很难进行有效的交流和沟通。而所谓的语言差异主要是指不同的文化个体呈现出的不同文化形态在语言层面上的真实反映，如果艺术工作者在进行艺术交流的时候没有意识到这种差异，然后又在这样的一种状况下进行了语言的迁移应用，那么出现失误的几率就会很大，闹出笑话的情况也会有。所以，在中外艺术文化的交流中，一定要注意对不同国家的文化习俗、宗教喜好等多方面先进行了解，尊重并适应对方的语言表达方式，入乡随俗。在英语文化中，尤其是在艺术圈中，艺术工作者经常会收到鲜花和掌声，当面对别人的赞美时，我们一定要学会说"谢谢"（Thank you）。而在我国的传统文化中，谦虚代表的是一种美德，是对恭维和溢美之词的反映，一般说汉语的人通常会用否认的方式来回答恭维之词，我们常常会听到我国的艺术工作者在面对赞美的时候用"这不算什么"（Not at all）来回答，这样就造成了交流上的文化障碍。

三、中外艺术交流中跨文化语言障碍的几点解决措施

（一）提高语言的表达能力

充分发掘本民族的语言文化特点，还要了解需要交流国家的文化特征，及时发现双方存在哪些文化差异，这样也能够在一定程度上避免因文化不同而造成的一些误会，还可以有效地提高艺术交流的整体质量。这就要求处于一线的交流工作者一定要在跨文化的背景中至少有一方是精通对方语言并能够熟练运用对方语言的，而且还要求我们的交流者具备一定的语言表达能力。另外，文化习俗和价值观念上的差异也是进行跨文化交流中的一个重要的阻碍。在我国可以正常询问对方的年龄和工资，但是这些问题在西方国家是不可以问的，因为一旦涉及这些问题，西方人就会觉得是在窥探隐私。在思维方式上，我们比较习惯采取归纳总结的方式，也就是说，我们在阐述自己观点的时候比较愿意先陈述事实，最后再说出自己的真实想法，而西方人则不是这样的交流方式，他们更喜欢直接表达自己的观点，这就是我们在艺术交流中要解决的最基础障碍。面对这类情况，只有不断地去提高自身的文化差异意识，增强对不同国家和地区的文化了解，才能最终打破僵局，从而使艺术交流顺利进行。

（二）找寻共同点

在中外艺术交流中实现跨语言交流还要找到双方的共同点，这样才能够更好地拉近双方的心理距离，有了这一层基础，今后的沟通也会更加方便，从而实现更顺畅的交流。

（三）获取反馈

反馈能够帮助人们根据对方的反应来及时地调整交流策略，这样也能够有效地减少艺术交流中存在的跨文化语言障碍。只有不断地进行交流，才会增加反馈，才能知道对于这一文化现象的理解是否正确。

本节通过对中外艺术交流中出现语言障碍的原因进行分析，提出了与之相对应的解决办法，在充分了解双方在跨文化交流的基础上，形成了一个解决中外艺术交流中跨文化方案，这不仅有利于区域之间的文化交流，同时对促进东西方的文化艺术交流也具有重要意义。

第四节　中国留学生促进中外文化交流的作用

近年来，中国掀起了新一波出国留学热潮，出国留学人数直线上升，且日趋平民化和低龄化。人数众多的海外学子在传播中华文化中发挥着积极的作用。随着外部需要的与日俱增以及国内家庭收入和留学意愿的持续提升，"留学热"将持续升温，海外中国留学生在促进中外文化交流中，将继续扮演着重要的角色。

近年来，在国内外各种因素的影响下，我国掀起的新一波出国留学热潮，至今已呈日益汹涌的态势。各大报刊、主要网站、电视广播，日复一日地推出各种有关出国留学的新闻、评论、访谈、调查、广告等，出国留学的相关信息几乎是铺天盖地。"留学热"影响着成千上万的家庭及其亲朋好友，并与中外关系、中外人文交流、国际教育和资金流向等问题紧密相连，引起了普遍关注。在我国大力促进中外文化交流与民心相通的新时期，作为中国重要的海外社会资源的中国留学生，可以发挥什么作用？值得我们进一步研究。

本节主要探讨近年来"留学热"的发展情况，海外学子在传播中华文化中发挥的作用和面临的问题，希望在我国大力促进中外文化交流与民心相通的新时期，对中国留学生促进中外文化交流的作用等问题，有一个基本的把握。

一、近年的"出国留学热"

（一）出国留学人数迅速增加

根据我国政府的统计数据，我国出国留学人数，2000 年不足 4 万人，2007 年为 14.45 万人。2008 年全球金融危机爆发，在世界各国竞相争取中国留学生后，我国出国留学人数开始迅速增加，从 2007 年的 14.45 万，增加到 2008 年的 17.98 万，2009 年的 22.93 万，和 2010 年的 28.47 万，同比增长比例依次为 24.43%、27.53%、24.16%。2011 年中国出国留学人数提升到 33.97 万，2012 年再提升到 39.96 万人。1978 年到 2011 年年底，中国各类出国留学人员总数达 224.51 万人，比 1978 年至 2009 年年底的 162.07 万人增加了 62.44 万人或增长 38.52%。2011 年年底，以留学身份出国，留在国外的留学人员有 142.67 万人。到 2013 年年底，我国各类留学人员累计再升达 306 万。中国已成为世界上最大的国际学生输出国。

（二）出国留学日趋平民化、低龄化、多元化

1. 平民化

早年出国的留学生中，普通家庭的子弟只占 2%，但到 2009 年，普通家庭子弟已占国外中国留学人数的 27%，占准备留学人数的 34%。此后，留学生中来自普通家庭的比例不断增大。启德集团发布的《2011 年中国学生留学意向调查报告》显示，在即将或有意出

国留学的学生中，家庭年收入在30万以下的占被调查人群58%。笔者曾多次参加在广州举办的各种"国际教育展"，到会者一般是40～50岁的家长和子女一起参加，有些家长估计是腰缠千万的"高净值人士"，但也有不少是略有资产的中层收入人士，如大学、中学教师及公司职员、技术人员等，还有一些是商店营业员、服务中介等。

2. 低龄化

过去出国留学的以攻读硕士学位为主。近几年，到国外留学的中国学生，读本科和高中以及读语言学校的学生，占的比重越来越大。据相关数据统计，2011年出国留学的近34万人中，近一半人是出国读大学，其余10多万学生中，不少是出国读高中或高中以前课程。以美国为例，金融危机后，赴美留学除了人数迅速增加外，一个比较突出的特点是到美国读本科和高中的大陆学生越来越多。即过去读研究生的占70%以上，近年大概是本科生与研究生各占半壁江山。另外，到美国读中学的学生也越来越多，如位于奥斯汀附近的圣马克斯浸信会私立高中（San Marcos Baptist Academy）的170名寄宿生中，45人来自中国。启德教育集团美国教育中心的数据显示，2009年他们办理的赴美留学的学生中，念高中的占总人数的15.8%，念本科的学生占到总人数的42%。也就是说，经该集团办理的赴美留学生中，读本科和高中的人数比读研究生的还多。按美国政府的数据，在美国读中学的中国留学生，2006年仅有65名，到2011年增长了100倍，达6725人。

促使留学日趋低龄化的一个重要原因，就是可以提前跨越到国外读研究生的英语门槛。因为到英美等国家读研究生，英语成绩是必要条件，一般需要托福考试成绩500～550分或雅思考试成绩6.0～6.5分，热门学校和热门专业的英语要求还要高，不少中国学生屡考屡败，怎么都达不到标准，即使再有钱，也只能"望校兴叹"。但在国外读大学，要求的外语成绩比较低，如要求托福考试成绩450分或雅思考试成绩5.0分。到国外读高中，则对外语没有硬性要求，毕业后即有英语成绩、平均学分和课外活动等方面的优势，不仅轻易地跳过考托福或雅思这一关，在申请进入英美名校上还具有一定的优势。

3. 专业多元化

在学科选择方面，选择商科类专业，如金融与会计、市场营销、商业管理等专业的学生，始终都是最多。选择商科的主要原因是商科毕业后的就业范围比较广、职薪高。另外，相对其他文科和理工科、商科对语言和学科的要求，没有特别的要求，一般学科转学商科和申请学位都相对容易一些。因此，不少学生的专业意向是选读商科，其中计划到美国、英国、澳大利亚留学的学生选读商科的比例更大。

不过，随着出国学生对国外学校专业越来越多的了解，出国留学的专业选择开始逐渐多元化。启德教育集发布的《2012留学意向调查报告》显示，2011年接受调查的学生中，选择商科的比例已从2009年的近三成下降到23.38%，而选择其他专业的比例都有所提高，如文科从7.4%提升到21.22%、艺术科从4.2%提升到17.75%，还有6.24%选择社会科学、5.04%选择其他学科。留学选择显然日趋理性，越来越多的学生在选择留学专业时，会根据家庭情况、个人条件、兴趣爱好、院校专业和未来发展等方面进行综合考虑。

（三）中国留学生遍布全球，留美人数最多

走出国门的中国留学生遍布世界 100 多个国家，留学国家或地区主要为美国、英国、澳大利亚、加拿大、新加坡、香港、法国、日本、德国、荷兰、韩国等，除此之外，欧洲、亚洲、非洲、中东、拉丁美州等地区的许多国家，主要包括发达国家、中等发达国家，甚至发展中国家也逐渐成为我国不少学生出国深造的选择。

其中，由于美国的教育质量比较优胜，美国的留学移民政策比较宽松，中国学生对美国最感兴趣，赴美留学的人数也最多。2012 年启德教育集团公布的《2011 年中国学生留学意向调查报告》显示，国内大、中学生最感兴趣的前四个留学热点国家或地区为美国、英国、澳大利亚、加拿大，其中选择美国 33%、英国 17%、澳大利亚 14%、加拿大 12%。2013 年启德教育集团公布的《2013 年中国学生留学意向调查报告》，尽管比重略有调整，但国内学生最感兴趣的前四个留学热点国家依然是美国、英国、澳大利亚、加拿大，其中选择美国 28.1%、英国 17.7%、澳大利亚 13.9%、加拿大 8.0%。另据美国的签证数据，美国签发给中国留学生的签证，2007—2008 年为 5.63 万；2008—2009 年为 8.18 万，比 2008 年增长 45%，2009—2010 年 11.38 万个，比 2009 年再增长了近 40%。短短三年，到美国留学的中国学生，就增长了一倍多，增幅相当惊人。赴美留学人数占中国出国留学总人数的比重由此逐年增加，分别为 2008 年 31%、2009 年 36% 和 2010 年 40%。2011 年和 2012 年中国出国留学人数提升到 33.97 万和 39.96 万，按比例推算，赴美留学人数应在 12 万和 16 万左右。在每年海外学校招生的各种巡展会宣讲会上，围着美国学校展台咨询留学事宜的学生和家长，经常都是人头涌动。

随着赴美留学人数的迅速增加，中国留学生在美国国际学生中的比重也逐渐提升，并超越印度学生而成为最大的国际学生群体。据统计，2009—2010 学年全美外国学生人数为 69.09 万人，其中中国学生最多，为 12.76 万，占 18.47%，当年来美国的印度留学生为 104 897 人，排名第二。中国也是在这一年，第一次超越印度，成为向美 "输出" 最多留学生的国家。此后，中国留学生一直保有国际学生人数排名的首位，2010—2011 年美国大学的国际学生人数增加近 6%，为 76.5 万人，其中最多的中国留学生，增长 23%，达 15.8 万人，其次是印度、韩国和沙特阿拉伯。另据美国国际教育研究所（IIE）的统计，2011—2012 学年，在美国大学注册的中国留学生为 194 029 名，占所有外国留学生的 25%。人数比上一年增长了 23%，更比十年前增长了 207%。在本科而非研究生层面，增长幅度更快，达到 31%。2013—2014 学年，留美中国学生人数总计 27.5 万人，较上一学年增长 16.5%。

据美国的资料显示，在 25 所国际学生最多的大学，12 所大学在五年间增加国际学生逾 40%。这些学校包括印第安纳大学、普度大学、密歇根州立大学、俄亥俄州立大学、明尼苏达州立大学和伊利诺伊州立大学。其中，中国留学生增幅最大，如在印第安纳大学的 Bloomington 校区，5 年前只有 87 名来自中国的本科学生，2011 年却有 2 224 人，增加逾 25 倍。密歇根州立大学，来自中国的本科生在 2005 年只有 43 名，而 2012 年猛增至 2 845 名。

至今，在美国各地的不少学校以及学校附近社区、唐人街、大小餐馆商店，都可以看到中国留学生的身影。

二、海外学子传播中华文化的作用日益突显

迅速增长的出国留学人数，本身就是中外人文交流，中外教育合作的重大成就。随着出国留学人数的迅速增加，出国留学的积极影响越来越明显。除了大批学成归来的留学生，在国内各个领域发挥着重要骨干力量等作用外，海外学子在传播中华传统文化中的积极作用，也日益突显。众多的海外学子已逐渐成为中外文化交流的重要载体，在促进中外文化交流，特别是在传播中华文化方面，发挥着越来越积极的作用。

（一）展示美食

中国美食享誉全球，各式各样的中国美食至今已经成为中国饮食文化的重要标志之一，通过展示中国美食，激起海外同学以及海外各国民众的兴趣，一直是留学生在海外推广中国文化、增进中外了解与友谊的一个重要方式。

遇到中国的农历新年、中秋节、国庆节、留学国家的重要节庆，如国庆节、圣诞节，以及留学地区和所在学院的各种大型活动，中国留学生都会精心制作和介绍各种中华传统美食，有些中国留学生邀请外国朋友到家里做客，共同享用中国美食。

留学生还可以通过参加留学地的厨艺竞赛，来展示中国美食。如2014年12月，就读于日本京都府内大学的，来自中国大陆和台湾地区的留学生，参加当地举办的"第四届京都留学生烹饪世界杯"活动。比赛当天，来自中国大陆和台湾地区、印度尼西亚、乌克兰、柬埔寨、泰国、巴西就读于京都同志社和龙谷等大学的留学生登场，中国学子在比赛当中，一展厨艺，向评委和其他参赛团队介绍了祖国的特色美食，并获得好评与表彰。

有些留学生还积极创业，传播中国饮食文化。例如，2015年年初，美国芝加哥的一位黄姓的25岁留学生，开始了他的第六次创业——在芝加哥南华埠开创了火锅和KTV为一体的餐厅，致力于推广中国饮食文化。黄同学大二时就在伊利诺伊大学香槟分校校区附近，投资10万元创业经营KTV。经过几年的发展，他不仅把10万元的投资成本收回，还赚到了10万。赚到第一桶金之后，他继续创业的想法越来越浓，随后连续开办四家KTV。2015年年初，他和其他四位合伙人共同投资了100多万开设的这家新餐厅，整体装潢和室内环境，中国传统文化和西方现代艺术融为一体，时尚又温馨。对于今后的发展，年纪轻轻的黄同学有个大大的梦想，希望改变美国主流社会对中国美食的固有印象，希望通过新餐厅蕴含中华文化的餐饮品牌和精神理念，让当地的美国人更多地了解博大精深的亚洲餐饮文化。

（二）文艺演出

和展示美食一样，文艺演出是海外中国留学生传播中华文化的重要途径之一。

同样的，在中国的农历新年、中秋节、国庆节，留学国家的重要节，庆如国庆节、圣

诞节以及留学地区和所在学院的各种大型活动中，海外的中国留学生都会精心准备，为海外同学和海外民众奉献一台台中国文艺盛宴，通过文艺这一人们喜闻乐见的交流形式传播中华文化，以促进彼此之间的理解与融合。

例如，2012 年春节期间，来自德国慕尼黑、莱比锡、德累斯顿、海德堡等地的 300 多名中国留学生，在德国巴伐利亚州因戈尔施塔特市购物村举行联欢活动，和当地民众共庆中国龙年春节。联欢会上，中国留学生献上了精彩的文艺节目，赢得了观众的阵阵掌声，也吸引了购物村的众多顾客驻足观赏。

还有中国留学生通过精湛的才艺表演，向外国学生和民众介绍中国的传统文化。如演奏中国古琴的加拿大中国留学生杨同学表示，"琴棋书画四艺中，围棋、书法、绘画已走向国际，古琴作为四艺之首，现在越来越引起世界关注。我在加拿大演奏古琴，讲古琴故事和文化，就是想借此弘扬中华文化。"2011 年 9 月，杨同学在加拿大阿尔伯塔大学演奏古琴，并做古琴专题讲座。古琴的天籁之声吸引了所有的听众。阿尔伯塔大学常务副校长卡尔·阿姆雷特博士主持完音乐会后，激动地跑到后台，尝试着弹奏古琴。还有一位老教授一直盯着古琴说："找到啦，我听了 30 多年的美妙音乐，原来是中国古琴。"这位先生痴迷古琴音乐，年轻时偶然得到一张唱片后，每天都要听，却不知是何种乐器。现在通过杨同学的演奏和介绍，对古琴蕴含的中国传统文化，终于有所了解，更感兴趣了。在加拿大求学期间，每到中国国庆和新年以及学校各种庆典活动，杨同学的古琴演奏都是不可或缺的保留节目，随着他的演奏和介绍，古琴在当地已成为中国文化的典型象征之一，为此，阿尔伯塔大学中国学院，还专门聘任 19 岁的杨同学为中国学院的中国文化初级研究员。

（三）媒体宣传

中高职院校在确定课程内容时缺乏有效的沟通，官方的、一体化的专业课程标准尚未确立，中高职没有协同设计合理对接的课程体系，导致中高职阶段的课程内容存在交叉重叠、脱节、断层等现象，课程衔接不实。

例如，西班牙的萨拉曼卡大学，从 2009 年 12 月开始每周四下午，该校广播电台连续广播介绍中国文化，每期都选择一个主题进行介绍，重点突出介绍中国的节日和风俗习惯、各大历史古都、中国的古代文学以及历史故事，等等。节目招募中国学生与西班牙学生志愿者进行搭配播音，由西班牙学生进行提问，中国学生进行回答，简单易懂。西班牙萨拉曼卡大学是欧洲最古老的大学之一，节目开播后，整个萨拉曼卡市都可以接受传播介绍中国文化的电波，效果很好。

海外留学生通过传媒宣传中国，还从校园广播发展到公众广播。如 2014 年 9 月开始，爱尔兰时间每周四 20：30 至 21：00，当地人都可以从都柏林城市广播收听到一档用英语介绍中国文化的节目——Hello China(你好！中国)。这个节目从策划到制作，都由中国留学生志愿者完成。为什么做这个节目？为的是"让外国人更加了解中国"。参与的留学生表示，大家有一个共同的想法：传播中国文化，改变外国人对中国的看法。在都柏林大学就读的张同学的印象中，爱尔兰人对中国文化很感兴趣。朋友聚会谈到中国时，有些爱尔兰朋友就两眼放光，缠着她问中国是什么样子的。但令张同学感到沉重的是，他们对中国的了解并不多，有时甚至存有误解。一次和朋友逛公园时，她的一位爱尔兰朋友看到海鸥，就问她："你是不是想把它吃掉？"原来，在一些爱尔兰人眼里，只要是会动的东西，中国人都吃。无独有偶，同校的练习武功的沈同学也遇到了同样的窘境。她曾被一位爱尔兰朋友这样问道："你们中国人平时的穿着也是这样的吗？是不是每个人都会武功？"来自都柏林大学的孙同学也多次被问及"你们中国人是不是都吃狗肉？"他很无奈："随着我们国家的快速发展，中国受到了越来越多的关注。但包括我在内的许多中国留学生常常感到困扰，因为我们发现外国人并不了解中国。""我们想做一些事情来改变这种现状，让外国人更加了解中国。"孙同学说道。这也是 Hello China 节目组中所有中国留学生的心声。Hello China 节目主要有三种内容：一是播报中国国内新闻；二是话题，邀请嘉宾讨论当下备受关注的中国社会热点；第三是教汉语。Hello China 的无线电波覆盖爱尔兰全境；同时，通过一些广播网站和手机 APP，世界各地的听众都能收听到 Hello China 的节目。谈到 Hello China 未来的规划，该节目负责人孙弘博透露，他希望多组织一些线下活动。目前，他打算举办一次"中国文化之夜"音乐会，让更多人体验"中国文化"。

（四）义务授课

义务授课，指的是留学生义务为外国孩子讲授传播中华文化。孩子纯洁率真、天真无邪，通过与孩子们沟通交流，通过活泼多样的形式，向外国孩子讲授传播中华文化，也是海外中国留学生促进中外文化交流的重要形式之一。

例如，2009 年 8 月 24 日，日本京都府福知山市石原的迁乔小学，邀请京都创建大学的三名中国留学生到学校为孩子们上国际理解课。从 1～3 年级共 41 名小学生通过和留学生的交流让他们感受中国的生活和文化。在交流中有孩子问"中国最珍贵的食物是什么""中国人住在怎样的房子里？"等等，留学生们都一一做了解答。与此同时，留学生们也告诉小朋友，中国与日本有许多文化上的差异。通过交流，很多孩子都对中国的文化和传统产生了兴趣。课堂上充满了欢声笑语。

再如，2014 年年底，英国的德蒙福特大学学联精心选拔了四名中国留学生志愿者担任老师，前往 Slater Primary School 支教，为外国孩子教授中国传统文化。这些中国留学生志愿者通过授课，向外国小孩传授了关于中国儿歌、中国传统服装的历史等信息，孩子们都对中国文化产生了浓厚的兴趣，志愿者也感到非常开心。学联慈善部部长曹同学说："很荣幸这次能参与到此次传授中国文化的活动，能教到英国小朋友自己国家的传统文化让我感到很自豪。"没有支教经验的外联部部员宋同学也表示："今天的支教活动给了我很不一样的体验，同时，也让我更深的感受英国的本土文化和人情味。"学联副主席刘同学也说："这是我们第一次在英国从事支教活动。从准备到筹划，我们在图书馆讨论着如何可以把中国的传统文化更好地传播出去，如何可以让外国小朋友对我们所讲的东西感兴趣。"她说当一位小男孩对大家说"I Love China"的时候，大家都欣慰地笑了。"这是对我们最大的肯定。"

除了展示美食、文艺演出、媒体宣传、义务授课等形式外，为了更好地推广宣传中国文化，海外的中国留学生还采取了各种方式各种措施，如文化展览、参加演讲比赛、体育竞赛、环保活动，以及和外国学生交朋友、参与外国人的聚会，等等，积极向外国民众介绍传播中国的传统文化，在促进中国与世界各国的相互了解和文化交流中发挥着越来越重要的作用，俨然扮演着中国民间大使的角色。

三、发展趋势与面临的问题

随着中外人文关系的迅速发展，特别是"一带一路"战略构想的提出以及近期中国大国外交地位逐渐确立，近年中国掀起的出国留学热，估计将持续升温。海外中国留学生将继续在中外文化交流中发挥着积极的作用。

（一）促进"留学热"的外交因素

近年来中国政府全面推进中国特色大国外交，取得诸多重大成果和进展。不仅中国国际影响全面提升，在全球政治、经济、安全等各个方面都推出了一系列具有广泛和深远影响的中国倡议、中国方案。中国的外交布局也全面推进，实现中美、中俄、中欧以及中国与亚太、非洲、拉美等各主要方向国家关系的进一步深化。在拓展中外关系的新时期，促进中外文化交流和教育合作是重要内容之一。例如，2015 年 8 月习近平主席对美国进行国事访问期间，中方宣布未来三年将资助中美两国共五万名留学生到对方国家学习。2015年 10 月习近平主席对英国进行国事访问，两国在伦敦发表的《中英关于构建面向 21 世纪全球全面战略伙伴关系的联合宣言》中，也明确表示，双方支持两国人员特别是青年往来，将进一步便利留学和旅游人员往来。双方同意，以富有竞争力的价格提供多年、多次访客签证。中国政府以及中国学生的留学目的国，对中外教育合作，对中国学生出国留学的支持，将有力地促进中国"留学热"的发展。

（二）促进"留学热"持续升温的国外因素

引起近年中国留学热的国外因素很多，其中，2008 年金融危机爆发后，留学国家的政府和学校调整相关政策，积极吸引中国留学生，应是重要原因之一。至今，虽然世界经济逐渐复苏，但仍面临各种挑战，中国留学生对振兴当地经济和增加学校财政收入的作用，依然非常突出。为了增加消费，促进经济复苏，不少留学国家，依然会采取措施吸引中国留学生。像美国等主要留学目的国，政府放宽留学政策的目的，除了振兴经济外，也希望借此提升软实力，扩大对中国学生的影响，因此，它们将继续放宽留学政策，提供留学签证便利，以吸引更多的中国大陆学生到本国留学。

近年中国的出国留学热，与世界各国的大专院校，乃至中学纷纷直接到中国招生不无关系。相对前几年，虽然学校财政收入已有所改善，但仍有不少学校继续实施吸引中国留学生的措施。究其原因：一是打开了路子，建立了各种招生的机构与联系，招生渠道更便利节省；二是尝到了多招国际学生的甜头，确实是本小利大，何乐而不为？

（三）促进"留学热"的国内主要因素

促进"留学热"的中国因素也很多，如外国教学质量高、文凭含金量大；想了解国外社会与多元文化；减少国内高考带来的压力；国内大学毕业生就业形势严峻；留学中介的积极推动，以及通过留学移民，等等。

其中，推动留学热的关键因素和基本条件，是中国个人财富的持续增长，有能力支付留学移民的高额费用。根据 2011 年 4 月招商银行和贝恩公司联合发布的《2011 年中国私人财富报告》数据显示，2010 年中国个人总体持有的可投资资产规模达到 62 万亿人民币，较 2009 年年末同比增加约 19%，2010 年，可投资资产 1 千万人民币以上的中国高净值人士数量不断增多，2009 年为 41 万人，2010 年达 50 万人，比 2009 年增加了 9 万，年增长率为 22%。该报告的中国高净值人士，包括资产规模在 5 千万以下企业家，资产规模在 5 千万到 1 亿之间或以上的中型或大型企业家以及职业经理人、企业高管、专业人士、专业投资人、演艺明星和体育明星，等等。他们完全有能力支付子女留学的费用，事实上，在接受招商银行调研的高净值人群中，大部分人已经或希望未来将子女送往海外接受国际化的教育。

随着中国个人资产的持续增长，未来几年有条件送子女出国的家庭将更多。根据《福布斯》中文版联合宜信财富于 2013 年 3 月发布的《中国大众富裕阶层财富白皮书》，中国的大众富裕阶层近年迅速扩大，这一阶层人数 2010 年为 794 万人，2012 年达到了 1 026 万人，2013 年估计可达 1 202 万人。大众富裕阶层是指个人可投资资产在 10 万美元（约 63 万元人民币）至 100 万美元（约 630 万元人民币）之间的群体，他们完全有能力支付子女的留学费用，而且也有意向送子女出国留学。同一调查报告显示，这一群体中考虑将子女送到国外留学的人数占比竟高达 3/4。除此之外，全中国还有数以亿计的人数众多的中层收入人士，也有能力支付子女留学的费用。据媒体透露，随着中国近年经济飞跃发展，2011 年中产人口已破三亿。其实，随着留学的日益平民化，不仅中产阶级，不少中产收入以下的家庭也希望能送子女出国留学。

（四）问题与风险

随着出国留学生的迅速增加，特别是从精英留学转向平民留学以及低龄留学后，出国留学面临的各种问题逐渐增加，如因为考试不及格无法毕业、因为缺课作弊被学校开除等。更严重的是，海外中国留学生安全事件时有发生，近年还呈现更为频密和血腥的趋势，一些留学生出师未捷，命丧异乡，令人惋惜不已。

影响中外留学生交流的问题，主要有中国留学生自我扎堆，甚至自我封闭等。随着中外人文关系的不断发展，随着中国留学生不断地融入留学国，随着中国留学生与外国学生、外国民众接触交往机会的逐渐增加，外国"熟人"加害中国留学生的案件也逐渐出现。例如，2011 年 4 月 15 日在加拿大自住公寓遇害的柳某，就是被当地一位名为迪逊的白人男子所害。资料研究显示，"进入柳乾住所的男子为 20～30 岁的白人男子，身高约 1.8 米，体重在 90 公斤左右，肌肉发达"。柳某的一名朋友接受警方调查时说，柳某当年一月才搬到案发时居住的公寓，与她一起住在这个公寓的还有其他七人。进入柳某住所的男子一直在追求她，但被她拒绝，"随后他开始通过发短信等各种方式骚扰她，甚至跟踪她"。再如 2012 年发生的震惊世界的加拿大林某肢解案，加害人是一位名叫马尼奥塔的加拿大色情男星，警方的调查显示，案发现场为马尼奥塔租住的一居民楼二层一间的公寓。受害人和马尼奥塔是什么关系，目前还众说纷纭，但估计受害人和马尼奥塔互相认识，曾进入马尼奥塔居住的公寓。

和留学生在户外主要受非裔人士袭击不同，室内非华裔熟人作案的，主要是白人。这可能与中国留学生对欧美白人比较欣赏有关。一般中国留学生对非裔青少年相对警惕，美国留学生自己编写的安全手册，特别提醒远离族裔复杂的"贫民窟"。而对白人，则较少戒心，习惯将白人和绅士以及富有、高雅、文明、阳光等标签挂钩，从而放松了警惕。其实，无论什么国家，无论什么族裔什么肤色，都是多元复杂的，有好人和坏人。中国留学生在海外与外国人交往，无论是白人，还是有色人种，都应该加倍小心，深入了解交往的对象，尽量远离生活习惯不良、有吸毒、赌博斗殴等复杂背景的人。只有这样，才有可能实现安全交友和向外国朋友传播中华传统文化的良好愿望。

近年来，中国掀起了新一波出国留学热潮，出国留学人数直线上升，且日趋平民化和低龄化，在中外关系不断发展，在外部需要与日俱增以及国内家庭收入和留学意愿持续提升等因素的影响下，"留学热"将持续升温，到世界各国深造的中国留学生将越来越多，海外学子在传播中华文化中发挥着积极的作用。在我国大力促进对外文化交流与教育合作的新时期，人数众多的海外中国留学生将继续扮演重要的角色，在传播中华文化、促进中外文化交流中继续发挥积极的作用。

第五节 "一带一路"与中外文化交流

随着我国"一带一路"倡议的提出，加快我国的全球化发展还需借助对外文化交流，利用中外文化交流帮助我国与沿线各个国家建立深厚的友谊，提高政治互信，实现经济的共同发展。本节主要分析了"一带一路"建设实施中开展中外文化交流的作用，提出了基于"一带一路"建设发展中外文化交流的主要策略，希望有利于"一带一路"建设的顺利推进。

随着全球经济一体化发展的深入推进，我国提出了"一带一路"倡议，与我国传统文化和当代文化交流有着不可分割的联系。笔者认为，我们应该充分利用中外文化交流，推动"一带一路"建设顺利发展。

一、"一带一路"倡议下实现文化交流的必要性

"一带一路"是我国为了加快融入全球经济一体化发展的步伐，开展对外文化交流的重要措施。笔者认为，中外文化交流有利于推动"一带一路"建设的顺利推进。

（一）推动"一带一路"的实施

"一带一路"思想有利于加强国家之间的交流，建立深厚的国际友谊，同时也得到了我国人民的普遍拥护，受到了沿线国家人民的大力欢迎。文化交流在"一带一路"建设发展中起着非常重要的作用，帮助世界各国人民深入理解"一带一路"的思想内涵，增强不同国家间人民的相互信任，进而推动"一带一路"建设的顺利实施。

（二）有利于加强国家交流

"一带一路"的实施必须同时承认多种文化，是一种和平发展的有效措施，沿线各国充分发挥本国优势，利用文化交流可达到取长补短的目的，实现各个国家健康发展，进而保证沿线国家借助"一带一路"提高经济等各方面的建设水平。

（三）提升国家形象

在"一带一路"建设的推进过程中，利用中外文化交流能将我国传统文化传播到沿线各国，不但有利于推动文化产业的健康发展，而且也弘扬了中华民族传统文化，实现国际文化的稳步前行，提高我国在国际上的地位，表明了我国在"一带一路"建设推行中的立场。

二、"一带一路"倡议下实现文化交流的主要措施

在"一带一路"发展过程中，中国需要利用中外文化交流，寻求与其他国家文化的相同之处，将文化交流推向一个更高的层次，帮助沿线各国夯实文化基础，提高沿线各个国家的基础建设水平。再有，还需要高度重视我国文化产业的健康发展，保证文化交流的顺利进行。

（一）确定文化切入点，实现中外文化交融

随着"一带一路"建设的顺利推进，必然会受到不同文化的制约，我国应该认真辨别其他国家的不同文化，吸收其他国家文化中的精华，加大我国文化的传播力度，找准我国文化与其他国家文化的切入点，使之融入其他国家当中。

（二）帮助沿线各国建设文化交流基础设施

第一，我国还需帮助经济欠发达国家提高经济建设水平，通过政府与社会各界共同帮助的做法，大力支援经济欠发达国家建设文化基础设施；第二，将我国文化发展中的成功经验传授给落后国家，同时在经济方面给予沿线各国较大的帮助，与这些国家建立经济合作关系，利用合作加强交流，最终达到共同发展、共同提高的目的；第三，中国还需将我

国大量高素质人才输入落后国家，充分借助"一带一路"的东风，组建人才交流团队，帮助经济欠发达国家开展经济建设，同时鼓励其他国家的人才来到我国开展文化交流，学习我国的先进技术。

（三）保证我国文化产业顺利输出

第一，正确引导我国文化产业的健康发展，大力整顿我国文化市场，防止不良文化产品的大面积传播，建立完善的监督制度，鼓励文化企业创造高质量的文化产品。再有，还需积极保护知识产权，利用法律手段保护知识产权所有人的合法权益，实现文化产业的有序发展。

第二，在文化产业发展中不断加大资金投入力度，利用"一带一路"的发展建立中外文化交流基地，以推动我国与沿线各国文化交流活动的顺利开展。在广泛开展经贸合作的基础上创新文化交流方式，宣传我国的旅游文化、戏剧文化、文学、音乐等各种文化作品，实现国际文化产业的创新发展，打造新型文化产品。

第三，大力宣传"一带一路"文化交流思想。借助当代各种新媒体积极宣传文化交流，创建有利于我国文化产业发展的中外环境，保证文化产品深入人心，树立良好的文化产业形象。在引入信息技术手段以后，促进文化产业的快速发展，为"一带一路"建设的文化交流进一步提速。

（四）展现我国正确态度

为了得到"一带一路"沿线各国的大力帮助，第一，还需顺应时代发展，及时转变交流方式，做到尊重他人、待人真诚、不骄不躁，使沿线各国体会到我国推行"一带一路"思想的内涵，得到沿线各国的理解；第二，与沿线各国做到相互信任、相互尊重，保证"一带一路"建设的顺利实施；第三，打造与沿线各国文化相适应的文化产品，充分展现我国追求和平发展的远大愿望，使沿线各国在文化交流中看到我国的真诚。

总之，在推行"一带一路"倡议的过程中，开展文化交流是一种最为合理的途径，随着我国经济的快速发展，世界各国人民均已关注到我国的作为。利用中外文化交流，使中国与沿线各国增强了解、相互信任、相互支持，树立良好的国家形象。因此，为了推动"一带一路"建设的顺利实施，保证中国与沿线各国建立深厚的友谊，共同推动人类社会的健康发展，就需放宽心胸，大力开展文化交流，将中国文化传入沿线各国，鼓励更多的国家加入"一带一路"建设当中，最终实现世界经济一体化发展。

参考文献

[1] 文扬．以"中华标准"重审西方文明史，能看到什么？[J]．文化纵横，2019(2)．

[2]（德）赫尔德．论语言的起源 [M]．姚小平，译．北京：商务印书馆，1998．

[3] 姚振武．人类语言的起源与古代汉语的语言学意义 [J]．语文研究，2010(1)．

[4] 郭攀，夏凤梅．动、形兼方类词的特殊性质 [J]．华中师范大学学报（哲学社会科学版），2016(2)．

[5] 郭锡良，等．古代汉语 [M]．北京：商务印书馆，1999．

[6] 邢福义．"很淑女"之类说法语言文化背景的思考 [J]．语言研究，1997(2)．

[7] 向熹．简明汉语史 [M]．北京：高等教育出版社，1993．

[8] 马建忠．马氏文通 [M]．北京：商务印书馆，1998．

[9] 郭攀．叹词、语气词共现所标示的混分性情绪结构及其基本类型 [J]．语言研究，2014(3)．

[10] 丁声树．现代汉语语法讲话 [M]．北京：商务印书馆，1961．

[11] 王力．汉语诗律学 [M]．上海：上海教育出版社，2005．

[12] 杨伯峻，何乐士．古汉语语法及其发展 [M]．北京：语文出版社，1992．

[13] 姚振武．试论上古汉语语法的综合性 [J]．古汉语研究，2016(1)．

[14] 姚小平．洪堡特——人类研究和语言研究 [M]．北京：外语教学与研究出版社，1995．

[15] 朱德熙．汉藏语概论·序 [M]．北京：北京大学出版社，1991．

[16] 郭锡良．先秦汉语名词、动词、形容词的发展 [J]．中国语文，2000(3)．

[17] 秦礼君．论词在句子构成中新义的产生——兼论所谓"词类活用" [J]．淮阴师专学报，1986(1)．

[18] 许威汉．古汉语语法精讲 [M]．上海：上海大学出版社，2002．

[19] 夏晓虹．杜甫律诗语序研究 [J]．文学遗产，1987(2)．

[20] 葛兆光．意脉与语序 [J]．文艺研究，1989(5)．

[21] 郭攀．汉语叹词定位的历层模式 [J]．澳门语言学刊，2015(1)．

[22] 郭锐．现代汉语词类研究 [M]．北京：商务印书馆，2002．

[23] 孙良明．关于建立古汉语教学语法体系的意见 [J]．中国语文，1995(2)．

[24] 吕叔湘．助词说略 [M]// 汉语语法论文集．北京：商务印书馆，1984．

[25] 苗启明 . 原始思维 [M]. 上海：上海人民出版社，1993.

[26] 戴黎刚.历史层次分析法——理论、方法及其存在的问题[J].当代语言学,2007(1).

[27] 郭攀 . 汉语历层研究纲要 [M]. 北京：北京师范大学出版社，2012.

[28] 夏凤梅，郭攀 . "呜呼哀哉" 的情绪化和理性化 [J]. 语言研究，2017(2).

[29] 郭攀，周韫琦 . 汉语点线意象结构模式 [J]. 澳门语言学刊，2019(1).